断舍离

瑜伽智慧

[日] 山下英子
[日] 龙村修 —— 著

许天小 —— 译

伝説のヨガマスターが
教えてくれた究極の生きる知恵

やましたひでこ ｜ 龍村修

北京时代华文书局　博集天卷

图书在版编目（CIP）数据

断舍离·瑜伽智慧 /（日）山下英子，（日）龙村修著；许天小译. -- 北京：北京时代华文书局，2023.12
ISBN 978-7-5699-4051-0

Ⅰ.①断… Ⅱ.①山…②龙…③许… Ⅲ.①人生哲学－通俗读物 Ⅳ.① B821-49

中国国家版本馆 CIP 数据核字（2023）第 211903 号

DENSETSUNO YOGAMASUTAAGA OSHIETEKURETA KYUKYOKUNO IKIRUCHIE
by Hideko Yamashita & Osamu Tatsumura
Copyright © 2013 by Hideko Yamashita & Osamu Tatsumura
Original Japanese edition published by PHP Institute, Inc.
Simplified Chinese translation rights arranged with Hideko Yamashita & Osamu Tatsumura
through Hana Alliance Consulting Co. Ltd., China.
Simplified Chinese translation rights © 2023 by China South Booky Culture Media Co., LTD

北京市版权局著作权合同登记号 图字：01-2023-4170

断舍离®系山下英子注册持有，经商标独占许可使用人苏州华联盟企业管理咨询有限公司授权许可使用。

© 中南博集天卷文化传媒有限公司。本书版权受法律保护。未经权利人许可，任何人不得以任何方式使用本书包括正文、插图、封面、版式等任何部分内容，违者将受到法律制裁。

DUAN SHE LI · YUJIA ZHIHUI

出 版 人：陈 涛			
责任编辑：袁思远			
监 制：邢越超			
策划编辑：李齐章		责任校对：李一之	
特约编辑：尹 晶		版权支持：辛 艳 金 哲	
营销支持：李美怡		版式设计：潘雪琴	
封面设计：主语设计		内文排版：百朗文化	
责任印制：刘 银 訾 敬			

出版发行：北京时代华文书局 http://www.bjsdsj.com.cn
　　　　　北京市东城区安定门外大街 138 号皇城国际大厦 A 座 8 层
　　　邮编：100011　电话：010-64263661　64261528
印　　刷：三河市百盛印装有限公司
开　　本：775 mm×1120 mm　1/32　　成品尺寸：130 mm×185 mm
印　　张：7.5　　　　　　　　　　　　字　　数：102 千字
版　　次：2023 年 12 月第 1 版　　　　印　　次：2023 年 12 月第 1 次印刷
定　　价：45.00 元

版权所有，侵权必究
本书如有印刷、装订等质量问题，本社负责调换，电话：010-59096394
团购电话：010-59320018

前言

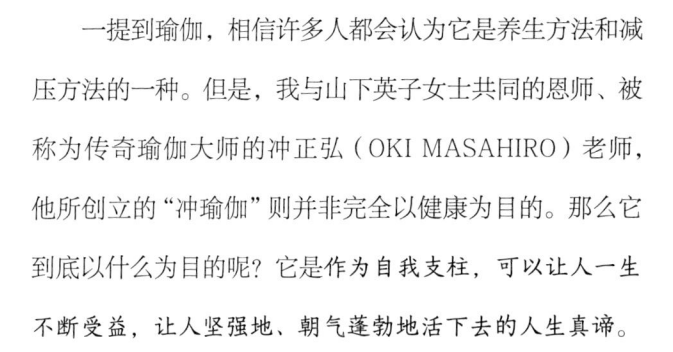

一提到瑜伽，相信许多人都会认为它是养生方法和减压方法的一种。但是，我与山下英子女士共同的恩师、被称为传奇瑜伽大师的冲正弘（OKI MASAHIRO）老师，他所创立的"冲瑜伽"则并非完全以健康为目的。那么它到底以什么为目的呢？它是作为自我支柱，可以让人一生不断受益，让人坚强地、朝气蓬勃地活下去的人生真谛。

从开办瑜伽研究会以来，我碰到了许多因为"自己的内心很容易动摇"而烦恼的学员。而且，这样的学员屡次前来询问我解决之道。

那么"人心容易动摇"究竟是怎么回事呢?

例如"容易被他人的建议所左右""很在意别人对自己的评价",等等。如果把这些状态称为"容易动摇"的话,那么怎么做才能改善这一问题呢?

我们身处的这个时代,是一个每天有海量信息蜂拥而至的时代。乍一看,这似乎非常便利、自由,但是反过来也可以说,这是一个信息过量,不知道哪个信息真实可信,难以分辨哪个信息可以为我所用的时代。

正因为如此,有不少人变得愈加摇摆不定,也越发失去了信念。

毕竟,从外界蜂拥而至的信息中,信息的提供者自身的"好坏""正误"等价值观必然也混杂其中。但是"好坏"和"正误"往往因人而异,而且即便是同一个人,在不同的情况下,其价值观也很有可能发生改变。

也就是说,由于来自外部的信息含有许多不稳定、不可靠的价值观，它无法成为在任何时候都能放之四海而皆准的自我支柱和心灵支柱。

如果说，自我支柱和心灵支柱实际上基于不稳定和不可靠的价值观，并且因地点和状况不同而时时刻刻被外界所动摇的话，后果会怎样呢？

我们极有可能会对人生产生不安感、窒息感和恐惧感，并且对于扩大视野、享受生存的喜悦而不可或缺的行动范围也会日渐狭小。也就是说，如果自我支柱不稳定，我们就会对人生产生过度的恐惧，生活本身也会变得疲惫不堪。

归根结底，对我们来说真正有必要的并非处理不完的海量信息，也不是某位优秀专家的意见。比起其他事物，**我们最需要的是无论何时都能依靠、都能信赖的强大自我**。

不被七嘴八舌的他人的意见所左右，平日也好，危急关头也好，都能正确地审视事物，采取具体的行动，并能对其负责。所以说，自我才是最重要的存在。

为了维持这样的自我，我们应该做到以下三点：

一、寻找既坚韧又灵活的哲学；

二、选择它作为自我支柱；

三、以选定的自我支柱为基础，通过积累人生阅历，实现自我的成长。

除此之外，没有其他强而有力的生存之道。只要能找准通往这条路的方向，我们就能战胜对人生的不安和疲惫，再也不用依赖他人，再也不被外界所左右，在自我信赖的基础上坚强地活下去。把坚定不移的自我支柱放在心中，随着人生阅历的积累，内心便不再动摇，贯彻始终。

能够受用一生的强韧智慧

例如，在冲瑜伽哲学的核心里，存在着"生命即神"（生命本身就是神）这样一种观点。它是应用于各种状况、可以解决人生诸多问题的核心观点。解决人际关系中的烦恼也好，正确推进工作也好，找寻维持健康之道也好，甚至对于生存的态度都能运用此观点，其应用范围颇为广泛，并且是谁都能够使用的人生智慧。

此外，山下女士从同样是冲瑜伽哲学核心部分的"**部分即全体**"和"**初学者应从形式入门**"等观点中，找到了解决潜意识范围内的问题的线索。并且不仅仅是她获益了，她还成功构建了通过灵活运用这些观点而让无数体验者的人生更加舒适的"断舍离"理论。

当然，冲瑜伽的哲学也包含了通常的瑜伽姿势理论和实践方法。但不仅限于此，冲瑜伽还包含了自我心理治疗、自我指导、冥想等丰富的要素。此外，为了能让这些要素在生活中得以实际运用，冲老师还整理了方法论，并形成了一定的体系。也就是说，冲瑜伽的本质目的不单单是维持身体的健康，更是让人们坚强地走过人生旅程，坚定不移地实现自我成长。

冲老师逝世以后，我作为老师的一名传人，出任了冲瑜伽修道场场长的职务，随后创立了"龙村瑜伽研究所"和"盖娅交响曲瑜伽空间"。并且近四十年间我在国内外进行瑜伽指导，持续研究和推广身心整体健康（holistic health）这一概念。

另外，山下女士从2001年开始就在全日本开展了"断舍离研讨会"。不局限于家居收纳方法，其独特的实践性哲学还引起了读者们的强烈反响。迄今为止，她围绕断舍离的观点已经出版了多部著作，也在海外举办了演讲活动。

虽然我们两人看起来从事的是完全不同领域的活动，但是毫无疑问，各自活动的轴心都源于冲瑜伽修道场。此外，在解决公事和私人的各种问题的时候，我屡屡从冲老师的话语和智慧中受益，才能发展至今。

在道场所学的知识，如果仅仅局限于维持健康的方法和技巧的话，我们的人生应该早就是另一番光景了吧。老师的教导既是让我坚强活下去的人生真谛，也是运用广泛、可以一生受益的有力真言。正因为如此，我们才能像现在这样活跃于各自的领域。并且，有了老师的教导，我们才能体悟人生给予我们的明确答复，度过每一天。我们自身受益匪浅，同时非常感谢有这个机会能够通过本书向读者们展示冲瑜伽的真谛。

冲老师、我、山下女士，我们三人迄今为止都出版了许多书，但是本书是首部回顾了老师生前的话语和逸事的书。本书也是我和山下女士二人的初次合著。"在想要推广冲老师出色的瑜伽哲学真谛的同时，我们还想推出一本指导人们将这些真谛运用到日常生活中去的书"，基于这样的想法，我们开始了写作企划。

该怎么做才能让当今社会的人们简单灵活地运用冲老师留下的话语中的真谛呢？我们希望以此为重点，在书里从我们在道场中的体验起笔，列举在随后的人生中我们积累的阅历和具体的事例，将老师话语真谛的精华所在简明易懂地解说给读者。

此外，虽然本书中存在反复出现的词语和观点，但是它们恰恰体现了冲老师的瑜伽哲学能够运用到如此多的场合中。我们希望同样的词语和观点以多样的形式反复出现，通过读书过程中的重复体验，使读者对它们的印象不断加深。并且，倘若这些印象深入读者内心，能够成为读者开拓人生道路上的精神食粮，我们将倍感欣慰。

如果你在本书中与拨动心弦的真谛相遇，请即刻将其灵活运用于你的日常生活。随着不断灵活应用，真谛带来的力量也会日益强大。并且，我们衷心希望这样的真谛能成为读者的人生支柱，希望读者会更加坚定不移，人生更加辉煌灿烂。

龙村修

目录

第一章 培养一颗
坚定不移的心

"生命即神"（生命本身就是神） / 003
选择让生命喜悦的生活方式 / 004
世间万物皆有生命 / 008
理解对你真正有必要的是什么 / 010
改变心灵，改变身体 / 011
"生存的力量"就是"做选择时的决断力" / 013
容易动摇者的特点是"以他人为支柱" / 015
让你自由的答案就在心中 / 016

"雅俗参半，人生路" / 019

通过伪装自我来学习 / 020

最大限度地发挥出自我能力 / 025

敢于面对痛苦 / 027

生死在天 / 030

掌握最真的智慧 / 031

"初学者应从形式入门" / 035

内心必定体现于形式 / 036

加深对自己的提问 / 039

"学习、体验、冥想" / 041

询问你的心情，询问你的身体 / 042

勿将体验视作绝对 / 044

所谓冥想就是回忆和反省 / 046

综观全局，才能看到重点 / 049

练习瑜伽是为了身心的平衡 / 051

第二章　正确审视

"别轻信，别怀疑，只需亲身体验" / 059

逐一查看手中的信息 / 060

客观性的定义是什么 / 062

勇敢面对"不明白" / 064

"对你的信赖"同时是对我自己的信赖 / 066

通过分类思考培养综观全局的能力 / 069

以自我为轴心进行思考练习 / 072

"别自缚，别拘泥，别企求" / 077

"海外冥想法"的精华 / 078

价值基准用在何处 / 080

体会自己灵魂深处的追求 / 081

"断舍离"和瑜伽有一个共同目标 / 084

厌恶感是改变自我的好机会 / 087

"断舍离"对母亲的期待 / 089

一切终将在自己身上应验 / 093

做选择时的决断力是自我的圣地 / 095

第三章　鼓起勇气

"尽人事，听天命" / 101

培养从既定事实中学习的能力 / 102

将想法付诸行动 / 106

积极地解释"自作自受" / 108

传达给别人的勇气和接收的勇气 / 111

"瑜伽是为了让人们从业障中摆脱出来的真谛" / 113

单靠理性无法控制自我 / 114

成功实现心中的期待需要两个要素 / 116

我从戒烟中学到的知识 / 118

"排泄能力既是生命力，也是呼吸能力" / 123

将万物理解为"能量" / 124

有勇气的态度就是坦然的态度 / 128

有改变自我的勇气才能拯救自我 / 130

重新审视问题的前提 / 131

第四章　从体验中汲取知识

"别轻信，别怀疑，只需亲身体验" / 137
为了弄明白问题而积累的体验 / 138
将所学运用到生活中 / 142
为什么体验之后却一无所获的人日益增多 / 145
感情不分"好"与"坏" / 147

"分清'疲劳'和'疲劳感'的不同" / 151
疲劳的种类 / 152
单靠营养分析无法衡量的"营养" / 155
对食物的偏见 / 157
最合适的食量要询问你的身体 / 159
"越吃越累"是一种残留能量 / 161

"你们的头脑已死！" / 163
没有感激之情是因为心死了 / 164

"让每个人的心中充满平静" / 169

"扔掉它,感觉很困扰",这句话就是借口 / 170

无法摆脱烦恼的时候 / 173

抛弃"被害者意识" / 175

第五章　充分发挥自我

"调身、调心、调息" / 181

调整身心状态的重要原则 / 182

现代医学的极限,瑜伽的可能性 / 183

即便解剖也无法获知心灵的作用 / 185

只要方法对,一切都可以是瑜伽 / 188

时尚也是"气"的一种 / 191

"通过一切训练来加强丹田力" / 193

丹田力十足的人 / 194

丹田具有让身心平稳的力量 / 196
相扑的精神后盾 / 199

"学习的原则是'修破离'" / 203
每个人的瑜伽各不相同 / 204
在生活中应用瑜伽 / 207
通过断舍离来磨炼"内在认知" / 211

后记 / 215

导师冲正弘 / 218

作者简历 / 220

第一章

培养一颗坚定不移的心

学习瑜伽哲学，并将其实践于生活，那么自然而然就会拥有一颗坚定不移的心。其原因在于：瑜伽是一种"获取坚定不移信念的行为"，是通过仔细思考自我和自我的生活方式，来获知自我定义的自主性行为。

随着自我体验的不断积累，不论人生中有怎样的风浪，人们都能依靠自己的力量重新站起来，并且成为一个能够朝着明确目标前进的人。

这样一来，人们不需要依赖他人，只需要依赖自我，便能坚强地活下去。

"生命即神"

（生命本身就是神）

龙村修

选择让生命喜悦的
生活方式

如果一定要列举出培养坚定不移的心灵所必需的严格法则，那一定是"生命即神"，我想世间万物都凝聚在这句话中。这句话是真理，也是根源。"该怎么做才能让生命感到喜悦，才能活得朝气蓬勃呢？"对于这个问题，应该倾听自己的生命，还要询问自己的身体和心灵。它是每日生活的根基。

回忆往事，当我刚进入大学念书的时候，我觉得"自己的世界变得如此广阔"。没过多久，我渐渐觉得心中产生了困惑。我虽然出生于1948年，但在学生时期也有机会接触到各种思潮。即便是关系很好的同班同学，也有人倾向左翼，有人倾向右翼，还有对政治漠不关心的人。当我倾听各种团体的见解之后，我觉得似乎他们各自说得都有道理。我认为左翼人士A君的话"说得没错"，也认为右翼人士B君所言似乎也有一定的道理。最后我不知道应该相信谁的见解，不知道今后自己该以怎样的观点活下去……此时，学生时代的我陷入了思想上的困扰。

随后没多久，我和瑜伽相遇，当我初次接触到"生命即神"这一哲学观点的时候，我心中惊叹："啊！我要找的就是它！"只要我能透彻理解"生命即神"，我的身心就能坚定不移。当时的我第一次有了这样的确信。

"生命即神"和确信"身心的坚定不移"，这两者的关联如下，让我们以身体为载体来举一个简单易懂的例子。

在接触瑜伽之前，每当提到"正确的姿势"，我一直认为那就是臀部用力、如同军人们立正一样的站姿。但是冲老师说并非如此。老师对"生命即神"的观点进行了引申，他解说道："所谓正确的姿势，就是你的大脑、身体、心灵能够以安定的状态进行工作的姿势，是能够轻松呼吸和运动的姿势。"

无论外表看起来站得多么笔直，多么规规矩矩，只要是身体的某个部位扭曲，让人感觉疼痛的姿势，从力学角度来说，都是错误的姿势。此外，导致身心俱疲，让人感到有压迫感的姿势，从生理学角度来说，也是错误的姿势。所以让自己感觉呼吸顺畅，头脑清醒，便于运动的姿势，才是让生命喜悦的正确姿势。

反复摸索并掌握这样的姿势，成为自己的目标。有了坚定不移的目标，不论周围的人有怎样的意见，你的心灵都不再轻易动摇，"自我支柱"也将使你更加信赖自我。

我向冲老师询问了"生命即神"和瑜伽姿势蕴含的道理，并以此为契机找到了追寻自我支柱的道路。同时，我的思维方式寻得根基。

冲老师曾这样说过:"因为每个人都是独一无二的值得尊重的存在,因为人生是仅此一次的珍贵旅程,所以我们才能体会今天这一天、当下这一瞬间是多么宝贵和重要。"要想这样真实地活下去,就必须领悟"对我们来说最重要的是什么",在生活中重视它,并付诸实践。

所谓世间最重要的事物,没有它,世间万物就不复存在,它是万物的根本——没错,它就是生命本身。我们自身也是生命所在,我们诞生于其他生命,被养育,并生存于世。只要理解了这一点,就能够体会具有生命的万物是多么珍贵,以及其中的力量。当我们能够将自身能力最大限度地发挥出来的时候,我们便能最大限度地体会到"生命即神"这一观点带来的喜悦。要想得到这份喜悦,应当选择自由无拘束的生活方式,以一颗自由的心灵,将自己奉献给周围的一切。

此外还应该注意加强身心的适应能力,选择积极的生活方式。遵循生命法则的真实的生活方式，才是带给你喜悦的生活方式。

世间万物皆有生命

虽然我们在日常生活中常使用"在神的庇佑下"或者是"由神创造"等表达方式，但我认为这样的表达方式稍有偏差。

创造这个宇宙，即对于"创造一切的力量及其性质"赋予"神"这个名称的，正是我们自己。也就是说，创造"神"这个名称的，与其说是神，倒不如说是我们人类。只要知晓这一点，我们就再也不会拘泥于"神的旨意"和"充满人情味的神"之类的本末倒置的表达方式。归根结底，世间万物皆有生命，所以世间万物都可以被视作"神"。

此外，纵览世界的各种宗教的形成和内容，若将"生命即神"的"神"字的体现理解为"创造一切的力量及其性质""真理""宇宙和自然的法则"，那么"上帝"也好，"阿拉"也好，"婆罗门"（印度哲学中宇宙的根本原理）也好，"法"（达摩）也好，这些称谓的本质其实都是相同的。

也就是说，"神""法""佛"等词汇，并非所谓的"具有人格的创世主"，而是用于体现"创造的能量及其法则"的含义。因此我们可以领悟到，"生命"具有"能量的流动"这层含义，也具有"法则"这层含义。

| 山下英子 |

理解对你真正
有必要的是什么

想要改变摇摆不定的内心的人们,或许眼前有太多选项,无从选择、无法决定,从而烦恼不已。但是当人们处于非常急迫的境地时,根本来不及征询他人的意见,选项也不过是似有若无的存在。越是紧要关头,越是要果断做出选择,采取实际行动。

在冲瑜伽道场频繁进行着一种叫作"突然法则"的训练。要说有什么"突然"事件,那就是大半夜的时候会被冲老师突然叫醒:"十分钟后行动!做好准备马上集合!"这种情况下要是有人回答"不，我还没准备好，无法行动"，或者是"我连妆都没化好，无法行动"，那是非常难堪的。

只剩下十分钟做准备了。处于这样紧迫的状况下，不论是谁都会优先带走自己最为重要的东西。通过实际体验后，我才终于明白"对自己真正必要的事物"其实"比我想象的要少得多"。

如上所述，基于凡事都要冷静应对这一思维方式，学员们在冲瑜伽道场接受了各种训练和课程。

改变心灵，改变身体

冲老师对他人的要求非常独特。即便生病或者受伤的人来到道场，老师也会告知对方："绝对不许表现出病人的样子，只许表现出健康人的样子。"并且老师坚持"改变心灵，改变身体"这一信念，对所有来到道场训练的人都一视同仁，不会因其患病而区别对待。总之他丝毫不会改变凡事竭尽全力的态度。

这是冲老师在授课中提到的一件事。有一次，一位风湿病患者被陪同者硬拽着来到冲瑜伽道场。冲老师对那位患者当头棒喝："到那边的山上去给我等着！我得让你吃点苦头！"这样一来，那位患者颤抖着站了起来，靠自己的双腿慌张地走了出去。冲老师就这样通过施展演技，对那位患者施加压力，激发他原本就具有的行走能力。

像这样通过反复施加压力，让对方发挥出应有的能力，让对方意识到事物的重要性，就是冲老师的教导方式。

冲老师一直以来强调的思维方式就是"生命即神"。

关于"生命即神"，龙村老师以身体的姿势为例进行了解说，但是从"生命即神"的角度来考虑的话，身体的姿势出现问题就意味着"生命"这一自我的神明受到了损伤。反过来说，让人呼吸顺畅、神清气爽的姿势才能让生命充满喜悦。

"该如何让生命之神充满喜悦？"关于这个课题，即便只是一个简单的身体姿势也能深入探讨。此外，它还可以应用于解决各种问题，或者用于构筑自我支柱的基础，所以"生命即神"才是最根本的思维方式。

"生存的力量"就是"做选择时的决断力"

我认为"询问自己"，即"对事物做出决断的力量"就是一种"活下去的力量"。就如同锻炼身体后，体力就会增强一般，我想决断力也可以通过训练来提高吧。

虽说是训练，但是并不需要做什么特别的练习。思考今天的午饭吃白米饭好，还是吃玄米饭好，就像这样在日常生活中有意识地进行的简单训练也是可行的。此外，决定明天见谁、要读什么书，这些也都是不错的训练。

在我的客户中，有人因为"无论如何也舍不得扔掉东西"而烦恼，也有人无法判断该不该扔掉物品，总是希望由我来代为判断。但我一定会告知对方："可以交给我来判断，但这样并没有解决任何实质问题。"因为和生存能力相通的决断力，只能由自己反复磨炼才能得以提高，为己所用。

觉得自己做决定很麻烦，或者没自信判断正误，因为这样就让人代为决断的话，**自己的决断力将毫无长进。只有自己判断并做出行动，才能磨炼自己的生存能力。**

因此作为磨炼生存能力的小训练之一，向人们倡导审视自己周围物品的必要性，这就是"断舍离"理论。所以我向人们建议：你应该有意识地询问自己为什么将东西摆在那里，你应该倾听自己的想法、感觉。

容易动摇者的特点是"以他人为支柱"

决断力较弱的人似乎都比较欠缺询问自己的想法、感觉这一思维方式。正因为如此,他们会将家长、学校的老师、朋友和电视上出现的话语作为判断基准,根本没想过自己做决定。

在这种情况下,人最容易体会到"自身的动摇"。忽视自我判断,不以"自我支柱"为基础,而"以他人为支柱"进行判断,所以身心才会如此摇摆不定。

对于他人提供的支柱和导向,倘若每每无意识地直接采纳,决断力就会逐渐被削弱。

我认为不询问自己的想法,直接采纳当时流行的导向,也就是我们常说的随波逐流吧。

此外,有的人对生活中非常细微的事情也要先问问周围的人"该怎么办才好",我觉得提问本身就有问题。因为当你询问别人该怎么办才好的时候,你就已经允许别人介入你的判断。这样的态度就等同于你不信任自己的判断，或者是轻视生命。

所以，想要问别人之前，你应该先原地踏步一会儿，**让自己先尝试分析一下**。要是别人问我"该怎么办才好"，那我一定会反问："你想怎么办？"

彻底地询问自己。反复这样的体验，便不再为他人所左右。

让你自由的答案就在心中

我能够坚持"询问自己"，并一步步走到今天，多亏了瑜伽。冲老师教导我，"询问自己的生命，询问自己的身体""自己的身体就是教科书"。我的体会是：在有问题的时候，不要先问别人，而是先问自己。在平时反复询问自己的过程中，你会逐渐注意到一些曾经忽略的存在。

例如,"询问身体"中的"身体"不是指别人的身体,而是我自己的身体。我想现在就去厕所吗?或者现在不用去厕所也没关系吗?这样的问题只能询问我自己的身体。

或者喝水后会有怎样的感想,如果当时我正好口渴,那我会觉得"真好喝";如果此前我一直在喝水,那可能就会觉得"不怎么好喝"。对眼前的水,觉得好喝或者不好喝的主体,都是我自己的身体。

明明是自己喝掉了眼前的水,却要询问旁人"这水好喝吗",在日常生活中,对于本来只有自己才能明白和感受的问题,就有可能失去感知能力。

此外,"该吃多少好""该吃什么,该怎样吃"等问题也拥有同样的性质。现代人大多不怎么进行"询问自己"的训练,甚至找不到开始训练的契机,我认为这些都是上述问题的体现。

"我"这个主体吃掉某种食物时,味觉感受每次都不尽相同。眼前的事物和"我"的关系发生改变时,问题的答案也可能千变万化。当人们注意到"回答也可能千变万化"的时候，就可以从自我的偏执，从不知不觉间形成的固定思维，从特定的价值观中解脱出来。

但是即便自己意识到曾经持有某种价值观，也没有必要判断该价值观是好是坏。

例如，当人们注意到"现在的我持有这样的价值观"，仅仅注意到、意识到这一点，人们就已经从曾经的价值观中获得解脱。"她有这样的价值观，但是我没有""以前我有这样的价值观，但是现在没有了""曾经我没有这样的价值观，但是现在有了"。当你能够注意到无意间形成的价值观，仅仅是这一点就已经是万幸了。

一切都在变化。感受这变化的主体就是自己的生命。意识到有这样的可能性，我们看问题的方式变得更加自由。并且偏执和固有思维越少，我们就越不会为琐事而动摇。

"雅俗参半，
人生路"

龙村修

通过伪装自我
来学习

冲老师常常对道场的学员说:"雅俗参半,人生路。"他还说过:"明明是俗,却要摆出一副高雅的样子,真是不像话。"

说起"俗和雅",印度有一种叫作"四住期"的理论。它认为人的一生可以划分为四个时期,对现代人来说也是颇有裨益的理论。

四住期将人们出生后的前二十年左右称为**"学生期"**。简单来说,就是为了将来能够在社会上立足而进行学习的时期。和我们平时所说的"学生"含义差不多，都是在父母的庇护下进行学习的时期。

接下来是"**家住期**"。在这个时期内，人们要承担社会性责任。有的人会继承祖业，有的人会外出工作，甚至结婚成家，生儿育女，担负起各种责任和义务，也就是过上所谓的世俗生活。

家住期之后就是"**林住期**"。这个时期是人们为了学习俗世中学不到的知识而走出家门，向森林中的精神导师学习的时期。在认真承担了社会性义务之后，终于要开始专注于精神层面的提高。

最后是"**游行期**"，人们不会驻足某地，而是云游四方，彻底进入修行的生活状态。

如果按照这样的时期划分来度过人生，人类所具有的性欲、行动欲、食欲等原始欲望，通通都能得到满足，"想要过上好日子"这样世俗的欲求首先能够得到满足，"精神层面上也希望得到提高"的灵魂欲求也能得到满足。

可以说，世俗的欲求和灵魂的欲求如果无法同时得到满足，那么人类是不会真正满足的。

上述就是"四住期"理论，也是古印度时期的普世观。

反观现代社会，即使成为公司社长获得成功，或即使变成大富豪，人们也还是觉得不够满足，觉得不幸福。要说这样的人为什么会觉得自己不幸，是因为就算他们满足了自己世俗的欲求，也不知道如何满足自己灵魂的欲求，内心充满矛盾。

人类在本质上都有一颗利他的心。也就是说，人人都有"想要为别人做点什么"这样的想法。**这颗利他的心和灵魂的欲求是相通的**。如果能及早认识到自己的灵魂欲求是什么，那还算万幸；根本就不知道自己的灵魂欲求是什么，只是一味追求世俗的欲求，并且始终无法舍弃这样的生活模式，这样的人用不了多久就会陷入混沌的泥潭。

我经历过阪神大地震和东日本大地震等巨大的灾难，

"必须尽自己的一份力"这样的想法在当时油然而生。各界人士奔赴现场进行志愿者活动或者捐款，我看见各种善行，其实这些行动都蕴含一种对他人"做点什么"的喜悦。这样的想法就是利他的心，也就是为了满足自己灵魂的欲求而采取行动。

别人做了某件事，自己的心中也感到喜悦，这是很了不起的体验。如果没有这样的体验，人们对于"喜悦"这种感情就会止步于利己性的喜悦这一层面。

为了别人做某事，自己的灵魂体验喜悦，得到满足，这样的体验才能不断强化自我支柱。

印度的古典书籍中有这样一个故事。

有一位出生于印度武士阶级家庭的男性，为"明明不想杀人，为什么要出生在武士家庭"这样的问题而烦恼不已。出生在武士家庭就是神的旨意，必须以武士的身份度过一生，如果不这样做就是违背神的旨意，所以他的内心无比纠结。想要接受天命的同时，他"又不想仅仅作为一名武士了此一生"。故事的最终，他超脱了各种各样的烦恼，找到了解决之道。

我认为，跨越人生的烦恼，使自己的人格更加完整，这才是我们生存的意义和价值，是满足人类最本质欲求的目标。此外，不管选择什么职业，该职业都不是原有的样子，不过是一种假象。**通过伪装自我来学习，人格的范围就能不断拓展，得以提高。**这就是"雅俗参半"的生活方式。

我认为在学校里也有必要传递给学生这一观点。以前日本的学校里还设置了"修身"课，现在已经不见踪影了。为了让孩子们考虑自己的人生，为了让他们朝着自己的目标生存下去，老师们是否已具备了这样的指导能力？这一点也值得深思。

最大限度地发挥出自我能力

冲老师在指导学生或者给予建议的时候,常常要求对方仔细考虑:**要朝着你自己选择的方向前进,明白什么对你最有必要。**

例如,如果是某公司的社长来访,冲老师一定会说:"你的公司必须是其他公司都模仿不了的独一无二的公司!"如果是医学生或者是医生来访,他就会说:"你要成为世界第一的医生!"对做日本料理的厨师,他会说:"你要成为世界第一的厨师,我是基于这种考虑才让你拜师的。"冲老师不仅激励着对方,还将他们送往世界各国进行学习和修行。

另外,不管对谁,他都会一针见血地指出对方的不足,所以大家都害怕冲老师。即便如此冲老师的魅力也还是那么吸引人。因此,从进入道场到老师逝世的这十三年间,我一直跟在老师身边修行。

当然，从老师身边离开的人也很多。有的人因为训练辛苦，无法承受而离开；有的人因为道场的生活比较清苦，无法适应而离开。人生如果没有背水一战的体验，那么适应现状的能力就得不到提升，这是冲老师一贯的主张，所以他会频繁进行各种紧急训练。

老师常常问我们："你们有过被狼袭击的经历吗？"这不过是个例子，普通人当然不可能有这样的经历，但据说老师在印度修行期间，真的曾经被狼群包围。老师常说："要是狼真的扑了上来，膝盖痛或者腰椎痛早就被抛到九霄云外，再痛也会拔腿就跑。"这就是最大限度发挥自我能力的好例子。

敢于面对痛苦

对于感到厌恶的人，不要认为这个人是在给自己找麻烦，而要认为这是神为了让自己进一步成长，而特意派他来到自己的身边。不管对方是谁，大多数人都会认为"我可不想让讨厌的人出现在身边"。对于这样的人，老师提出了叫作"神的赐予"的心情转换法。

例如路边有一个垂死挣扎的人，他似乎得了传染病，浑身流脓，臭气熏天，到底谁会伸手救助他呢？特里莎修女便救助了这样的人，因为她的心中有一种"神将这个人派来我身边"的意识。

冲老师自己也过着这样的生活。在冲瑜伽道场里，老师既没有周日也没有节假日。老师自己的房间也似有似无，因为老师身边总是络绎不绝地围绕着各种各样的人。接受如此之多的来访，实际上是非常疲惫的。

即便如此，不论是多么艰难的时期，也要认为"这是神'赐予'的一切"。因为人类的精神成长才是生存的意义，困境才能让一个人得以成长。如果他人或者环境为自己带来了痛苦或者困难，人们一般会想方设法地选择逃避或者拒绝。但是不正面面对的话，持续的紧张感会让人压力倍增，反而更加痛苦。此时晕头转向，不知道该如何控制自己的情绪，内心更易动摇。因此当和你不想面对的人在一起的时候，觉得痛苦是肯定的，同时要认为这是一个让自己得到提升的机会，以这样的态度才能找到对策。

心灵也好，身体也好，我认为对待病人和普通人不能完全一视同仁。有很多神经衰弱者前来冲瑜伽道场学习，在我看来，这些人有不少异乎寻常的举动。

他们最开始总是胆战心惊："为什么要那么做?!那么做的话会有什么结果？"他们总是按自己的感觉理解道场的课，必然会吃惊不已。但渐渐地，他们开始认为"没办法，既然已经得了这个病，那就认命吧"，坦然接受神经衰弱。神经衰弱者因为强迫症而内心动摇,这是情有可原的。按照对待普通人的方式对待病人,本身就有些勉强。正因为理解了这一点,所以在和他们接触的过程中,我才稍微感觉轻松一些。

山下英子

生死在天

冲老师说过"生死有命"。他说，生死都是上天决定的，人们无能为力，但是健康是人们可以触及的范围，对于维持健康应该竭尽全力。

龙村老师曾说过这样一个故事，有一天，有一位自杀倾向强烈的人来到了道场。这个人在道场人员没有注意的时候，突然逃进附近的山中，自我了结了生命。当时道场里很多人都很自责，但龙村老师对大家说："他是铁了心要寻死，我们也无能为力了。"这样一来，我们心里平复了很多。我觉得这种思维方式和情绪的切换方式非常惊人。龙村老师讲的这个故事和冲老师所说的"生死有命",令我终生难忘。

人的生死,如冲老师所说,都是凡人无力改变的。例如,有人生病,有人健康,可能有一天健康的人因为意外突然身亡,病人却能长命百岁。白发人送黑发人也是这个道理。冲老师反复告诫我们,生死是人类无论如何都无力改变的,所以不要企图改变,也不要执着。即便是现在,我也觉得老师说得很有道理。

掌握最真的智慧

龙村老师自己也曾说过:"我不太在意别人的意见。"从初次见面至今,他一直是个非常爽朗的人,我却刚好相反,我曾经是个非常在意别人意见的人。直到我不再在意他人的意见,大概花了二十年的时间。

龙村老师告诉我一句冲老师的话："这是神为了你的成长而安排的试炼，你应当接受。"现在的我很赞同这句话。

但是，觉得困扰的人也好，觉得难受的人也罢，非要让他怀着感恩的心情接受神赐予的这种试炼，我想包括我在内的大多数人，都会觉得这是极其困难、难以接受的。

即便如此，我也坚信"冲老师和龙村老师所达到的境界和拥有的智慧是最真实的"。我们该如何将从他们两人身上学到的智慧运用到日常生活中去呢？或许我的角色所应承担的责任就是要好好考虑运用的方法和动机。

龙村老师常年跟随冲老师在冲瑜伽道场修行，但我只在道场修行过较短的时间，基本上是一直活在俗世间的人。

结婚生子，处理婆媳关系的同时，我以自己的方式修炼瑜伽，因此，我和龙村老师的立场是完全不同的。即便如此，或直接或间接我都在日常生活中实践着冲老师的教诲。

以这样的立场来反思的话，至今一直给予我力量的是来自冲老师的教诲，"初学者应从形式入门"，以及"别轻信，别怀疑，只需亲身体验"。

"初学者应从
形式入门"

山下英子

内心必定体现于形式

"初学者应从形式入门"这一冲老师的教诲和"**部分即全体，全体即部分**"的瑜伽思维方式有着密切的联系。"部分即全体，全体即部分"就是说部分是全体的缩影，全体的模样又体现在部分中。

"部分即全体"的原理从宏观角度来解释的话，就好比说见到"我"就能见到宇宙一般。当然也可以说成"我"改变的话，宇宙也会改变，宇宙改变的话，"我"也随之改变。这真是有趣的思维方式。"万物都有所关联"，这就是瑜伽的观点。

通过在道场学到的"部分即全体"的观点，我体会到了"万事万物的原因，都必然以肉眼可见的形式显现出来"。以这样的视点来看，即便是处于人们潜意识中的问题，也必然体现在表面意识中的某处。也就是说通过平时若无其事的一句话、说话时的语气，或者是某个人的动作、习惯，就可以判断出这个人潜意识中的问题。

"初学者应从形式入门"中的"形式"其实和"手相"的"相"是相通的。"从形式入门"，也就是"**从肉眼可见的部分**"开始，使其作用于"**肉眼不可见的全体**"。

将这个原理运用在生活中，会有什么结果呢？首先，通过观察家中的状况，观察主人舍不得丢弃而大量堆积的物品，也就是观察体现于表面意识的事物，就可以判断出这个人的潜意识的状态。

其次，从"形式"入门，推动表面意识的同时，必然会对潜意识产生一定的作用。正因为我确信这一点，所以我便试着从家里的壁橱开始，判断我和其中物品的对应关系，开始面对自我。

我从观察人们的"形式"开始便一直思索："这个人无法舍弃这个物品，是因为在害怕什么吗？""他不扔掉这个物品，是因为想要守护什么吗？"那么"舍不得扔掉"这句话是否也反映了控制这个人的某种价值观？于是我进一步思考这个层面的问题，并审视对方和物品的关系。

具体而言，例如："这个人眼前的这个坏掉的钟，为什么现在还以这种状态摆在这里？""坏掉的钟的主人无法舍弃它，将它摆在这里的理由是什么？"我会从这些疑问着手梳理。

随着梳理经验的积累，我可以毫无个人情感、抛开自我的价值观做出判断："这个物品是因为这个理由和这样的价值观而被摆放在那里的。"换言之，作为探索人类潜意识的工具，我提出了"断舍离"理论，并在其中实践了"部分即全体"的观点。

加深对自己的提问

通过面对事物进行深思可以改善和物品的关系，最终和自我的关系也会发生改变。

客户向我咨询"断舍离"的时候，即便我注意到了某种情况，也不会直接告诉对方。我不会跟对方说："为什么要把这个没用的东西摆在这儿？这是不对的！"

把东西随意摆放这件事，是人们自身无意识的行为，有可能他自己也难以察觉。这种时候，我只是单纯地提出疑问。

我提问之后，客户开始向自己提问。"因为自身有这样的想法，所以才一直留着这个东西"，或者是意识到"因为自身害怕某个后果，所以才一直保留"。我的角色就是为了促成客户产生这样的意识，才对其进行提问。

随着客户对自己提问的加深，对方可能会意识到："这不过是父母反复强加给我的观念，并不是我自己的想法。"

那么,为什么这位客户会接受父母的观念呢?可能是因为想要被父母表扬,或者是无法忘记父母夸奖自己是"好孩子"时的心情,或者是害怕被父母抛弃,如此一来,就会接二连三地引出自己潜意识中的许多定式思维。

审视人们摆放某个物品的理由,或者是舍不得丢弃物品的理由,就会发现这几乎都是源自人际关系。

当意识到一直面对的人际关系的问题时,我们就能从这样的定式思维中获得解脱,找到最符合自己的生存的真谛和价值观。

"学习、体验、冥想"

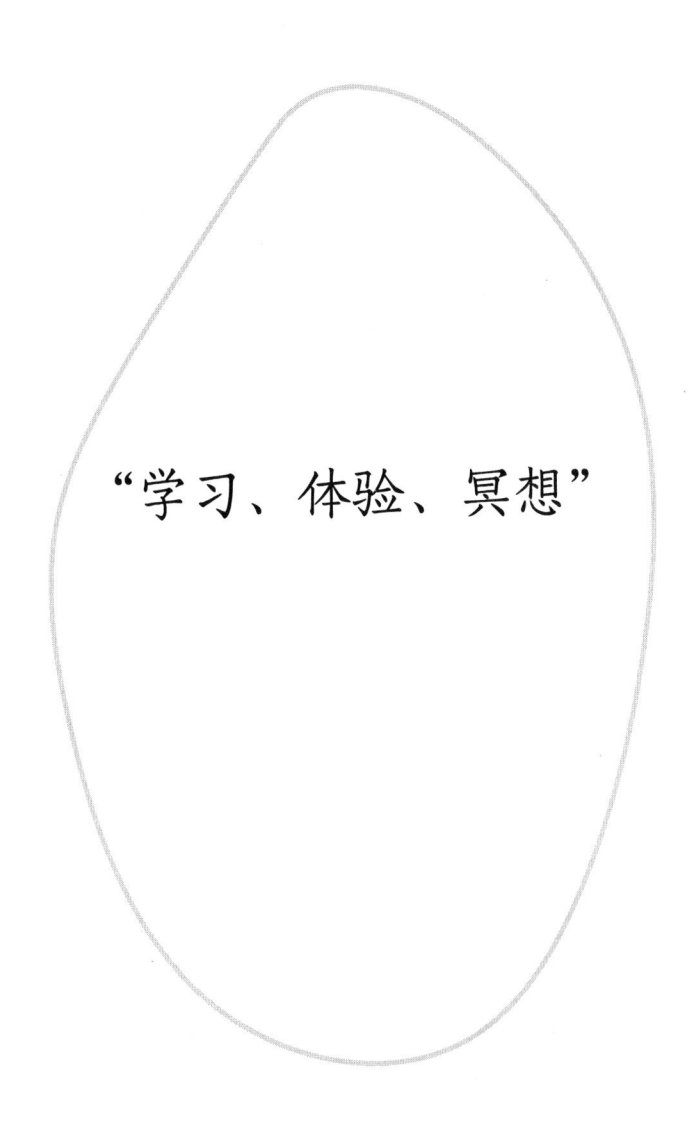

龙村修

询问你的心情，
询问你的身体

说起瑜伽的姿势，在健身房的瑜伽教室里基本上都是练习一些固定形式的动作。但是在我们的冲瑜伽道场要先询问人们："你觉得身体左侧和右侧的动作，哪边比较容易完成，哪边比较难以完成？"然后让本人做出选择。这就是必修的"询问自我"练习。

在接受关于瑜伽姿势的采访的时候，我常被人询问："这个动作要做几次才行？"我总是回答："你写个十次左右就可以了。"还有人会打电话来询问瑜伽姿势，我都会回答说:"你觉得心情舒畅就行。"要是人们用英语问我,那我的回答就更模糊了。如果有人问"How many times shall I do(我应该做几次)?",我就回答:"Several times(做个几次就行了).”被人询问次数和姿势时,冲老师总是回答道:"**询问你的身体。**"

我曾经被人询问"睡眠时间维持几个小时最佳",还特地查找过资料。

有的资料上写着拿破仑只需要睡四个小时,超过四个小时就是睡懒觉;又查看了别的资料,发现科学统计说平均每天睡七个小时最有利于长寿;甚至还有的资料说,工作出色的人基本上都是睡六个小时左右。

凡事都需要先收集情报,再进行学习。但是往往各种资料都会让人产生疑问:真的是那样吗?这种时候就应该以自己的身体为载体,尝试各种方法,最终一定会找到最适合自己的答案。

此外,同样睡七个小时,睡觉前一个小时摄入高热量饮食，以及在晚上六点左右简单吃点荞麦面，或者是在身体酸痛的情况下入睡、有心事的情况下入睡，或者是安心入睡……各种情况下睡醒后的效果是完全不同的。睡前彻底排泄再入睡，以及睡前没有彻底排泄，大半夜还起床的情况下，其效果也是完全不同的。

自己进行多种尝试，通过体验来确认的话，就一定能找到适合自己的入眠方式。这样一来，不论别人给出怎样的意见，自己都不会再轻易被人左右。

如同植物向地底生根，向天空生长枝干，向太阳开出花朵，培养自己的"感受力"也是非常重要的。

勿将体验视作绝对

把自己的体验视作绝对，这也是有问题的。体验确实有很强的说服力，但是拘泥于此，就会陷入"体验主义"

的泥沼。**不应该将自己的体验视作绝对。**

平时不怎么去医院，健康又身体结实的人偶尔觉得身体有些不适，但是他本人老是不想去医院，这时候他的家人和朋友想尽办法带他去医院做检查，才发现已经是癌症末期，用尽各种医疗手段也还是无法挽回生命，这种情况常有耳闻。人们应该注意，没有明显症状恰恰就是癌症和糖尿病的特征。

不过，即使是询问自己的身体，有的慢性病由于会让人的感觉麻痹，也还是难以被察觉。所以有的时候询问自己的身体也不一定可靠。

癌症也好，糖尿病也好，都不是能够及时被察觉的病症。因此为了确认病情，可以在医院接受检查，通过检查结果，能够把握许多身体状况。尽管如此，有的人还是觉得"自己从来不去医院，没事"，或者觉得违反自己的信念而讳疾忌医，等发现病灶便为时已晚了。此外，即使在这种状态下接受手术，手术成功的可能性也很低，而且很可能原本就衰弱的身体会进一步衰弱。

也就是说,询问自己的身体很重要,但是也有问不出结果的情况。对生活在现代的我们来说,如果感受力更加敏锐一些或许就能感受到,但是为了适应现代社会的生活,人们的感受力都或多或少变得迟钝了吧。

确实有人常年修炼瑜伽,轻视和怀疑西洋医学和医院,但我认为,为了维持自己的健康,为了客观地学习瑜伽,有必要定期在医院接受体检。

所谓冥想就是回忆和反省

不管学了多少,体验了多少,如果不从固有的立场中摆脱出来,就无法得到最真实的智慧。为了从所学和体验中摆脱出来,那就需要冥想。冲老师也常说"学习、体验、冥想",经过这三个步骤就能看见真实的答案。经过反复思考，停止思考，让心灵安静下来后，你所感受到的和你所思考的才能一致。只有这样，理解能力才能得以加深，身体中自然而然就会涌现出力量。

所谓冥想就是回忆和反省。"反思某个事物"就相当于冥想。例如吃了某种食物而吃坏肚子时，我们就会开始反省"身体在这种状况下，就不该吃这种食物"，这其实也是冥想的一部分。

此外，冥想可以大致分为以"集中"为中心的冥想和以"反省"为中心的冥想，但不管是哪种，其目的都是"明白事物原本的形态"。一说到冥想，很多人都会误认为是坐禅，脑中浮现出手指摆出特定的姿势、闭上眼睛之类的固有的印象，其实并非如此。当我提到冥想最本质的含义的时候，我使用的是汉语词汇"冥想"[①]二字。

不管怎么训练，身体都有无法超越的极限。不管怎

[①] 日语中的"冥想"的"冥"字原本是有日字旁的，所以这里作者强调使用汉字中没有日字旁的"冥"字。——译者注

训练，人都不可能比猎豹跑得还快，也无法比海豚游得还快。但是用心"学习、体验、冥想"的话，人总能不断地成长。我们会因为错误的姿势而身体酸痛、呼吸困难，人心也会有同样的感受，会因为"愤怒"而心情不畅，气息紊乱。

生命就是通过"心情"和"呼吸"这样的词汇来发出信号的。

释尊时代，"愤怒"被认为是心灵的毒药。探寻愤怒产生的根源就会发现，原因在于自己期望某个结果，但是最终事与愿违。最后反思时觉得其实根本就没有必要生气，这样的情况大多数人都会有所经历。

通过"学习、体验、冥想"，便可以不拘细节，以更宏观的视角来审视事物，所学和所掌握的知识的用途也会被进一步拓展。

山下英子

综观全局，
才能看到重点

冲老师曾说过："要把握真实，就需要学习、体验和冥想。"我认为，**所谓冥想就是俯瞰事物**。

就像"部分即全体"，瑜伽也认为"凡事都是相互关联的"。原本"瑜伽"这个词就有"联结"的含义，将事物联系起来，从宏观进行理解，就能认识其中全新的含义，上升到可以俯瞰的水准，最终开悟，领略不曾体会的新世界。

关于俯瞰，以下进行更加详细的解说。

例如，世界上有许多关于健康的书，比如关于免疫力的书、自然治愈力的书、丹田力的书等。

"免疫力""自然治愈力"，以及"丹田力"，这些词各不相同，如果查辞典的话会发现，它们的定义也各不相同。书上虽然把免疫力和自然治愈力的含义写得很复杂，但以综合视角来看：关键是所有的书都是在描述生命力。书籍不同，使用的词汇也各不相同，但最终写的都是生命力的发现及其机制。

此外，"丹田力"也好，"自然治愈力"和"免疫力"也好，都是表达"生命作用力"的词汇。"生命作用力"的物理性表达方式就是"丹田力"，治疗方面的表达方式就是"自然治愈力"，抵御外界压力方面则是"免疫力"。"丹田力"还是一种精神状态的表达方式，在冲瑜伽道场被人们称为"佛性力"。虽然上述都是指的同一事物，但为了更细致地区分开来，人们便分别给它们起了不同的名字。

如果掌握了瑜伽的思维方式，对于曾经理解片面的事物，现在就能使其在自己的心中得到统一。于是就没有必要再进行烦琐的讨论，真正重要的答案已经浮现在心中。在重复这种体验的过程中，自然而然就能找到自我支柱。可以说，日常生活中的一切都能被视作瑜伽的知识。

我在冲瑜伽道场掌握了"生命即神"和"部分即全体"等各种智慧、思维方式的基础。这在学校和家庭中都是学不到的。并且我有意识地将这些知识实践于生活，通过不断地积累，培养了综观全局的视野。我想，提高综观全局的视野就是瑜伽的魅力之一，同时它让我的人生更加有趣。

练习瑜伽是为了身心的平衡

我的丈夫是和瑜伽毫无关系的人。我总是感叹"这个也体现了瑜伽""那个也体现了瑜伽"，丈夫就会有些不耐烦地说："你别什么事都瑜伽瑜伽个不停！"

确实，对不熟悉瑜伽的人来说，可能许多人都无法理解，"为什么那个事物要被称为瑜伽"，但是在我看来，为了实现身心平衡而发生的现象都能被称为瑜伽。向左走过头的物体具有向右返回的力量，快要掉落的物体具有回到原位的力量，对我而言，这些都是有趣的瑜伽。

此外，瑜伽往往给人一种"放松的养生法"的印象，其实严密来讲，它是一种为了体验瑜伽姿势紧张和弛缓的练习方法。要是能最大限度地发挥出自己的力量，那么同样能最大限度地让自己的身体得到放松。也就是说，**为了真正得到放松，在这之前需要让身体彻底紧张**。虽然目的在于放松，但如果只着眼于放松的话，那瑜伽也就仅仅是放松法的一种。

例如，人们常有"晚上睡不着"这样的烦恼，有很多人可能会去医院开处方药，也有的人会拼命搜寻有助睡眠的良方。其实人们不应仅仅着眼于睡眠本身，而是应该稍微扩大一下视野，可以考虑一下白天的情况。

实际上，如果白天倾尽全力工作的话，晚上不用特别做什么事，就能香甜入睡。"有白天才有黑夜"，如果理解了这两者的平衡关系，那么失眠的烦恼就能迎刃而解。

只有以更加广阔的视野来审视事物，才会发现**事物在具备阴阳两面时才能取得平衡，并且阴阳之间存在调和的关系**。有白天才有夜晚，有动才有静，有紧张才有弛缓。将相反的两者联系起来，这就是瑜伽，这样的思维方式可以运用到生活中的方方面面。

此外，取得平衡的瑜伽力量对我们每个人的人生都会产生影响。

人生中，会发生各种各样的事。这条路感觉走不通了，可以选择那条路，那条路感觉走不通了，可以选择另一条路，但是不管选择哪条道路，都不要一直意志消沉，凡事都以较为平均的状态完成，这就是我对人生的理解。

认识到低于平均状态的自我，认识到想要奋发而起的自我，以此为生活的乐趣，我想这才是出色的人生。人生中，自我有时有可能会稍微或剧烈动摇，但我认为，只要不低于平均状态就没什么大问题。

反观现实社会，人们总是探寻怎么走在平均状态的正中央，从平均状态稍微偏离一点都不行，弥漫着一种紧张的气氛。

例如"不顺利的人生没什么好谈的"或者是"失败的人生是无法接受的"，这些看法明显是有问题的。

每次走到书店都能看到琳琅满目的成功学书籍，但我总觉得这些书籍存在问题。这些书籍让人们陷入这样的思路：人们都在寻求唯一的人生成功法则，把它视作绝对，除此以外都是失败者的道路。被这样的思路所束缚的人生，因选择面过于狭窄而显得不自然。

原本成功和不成功都不是那么容易界定的。吃一堑长一智，谁都有过这样的体会吧。

龙村老师也常说,凡事都能从中学到智慧。倾听自己的生命,协调身心的同时,积累各种体验,这才是尊重生命的态度,是体现"生命即神"的生活方式。

第二章

正确审视

"知道了""明白了",这些话是指什么状态呢?

我们在日常会话中常常使用"知道了""明白了",但实际上,很多时候我们并不是真的明白。并且有的时候自认为很了解,但是稍微深入了解后就会发现,自己的看法不过是被大众媒体洗脑后的产物。

自己到底知道什么,明白什么?我们没有清楚地区分二者,就这样错过了不少重点。看不到重点,人们往往会做出错误的举动。

"别轻信，别怀疑，
只需亲身体验"

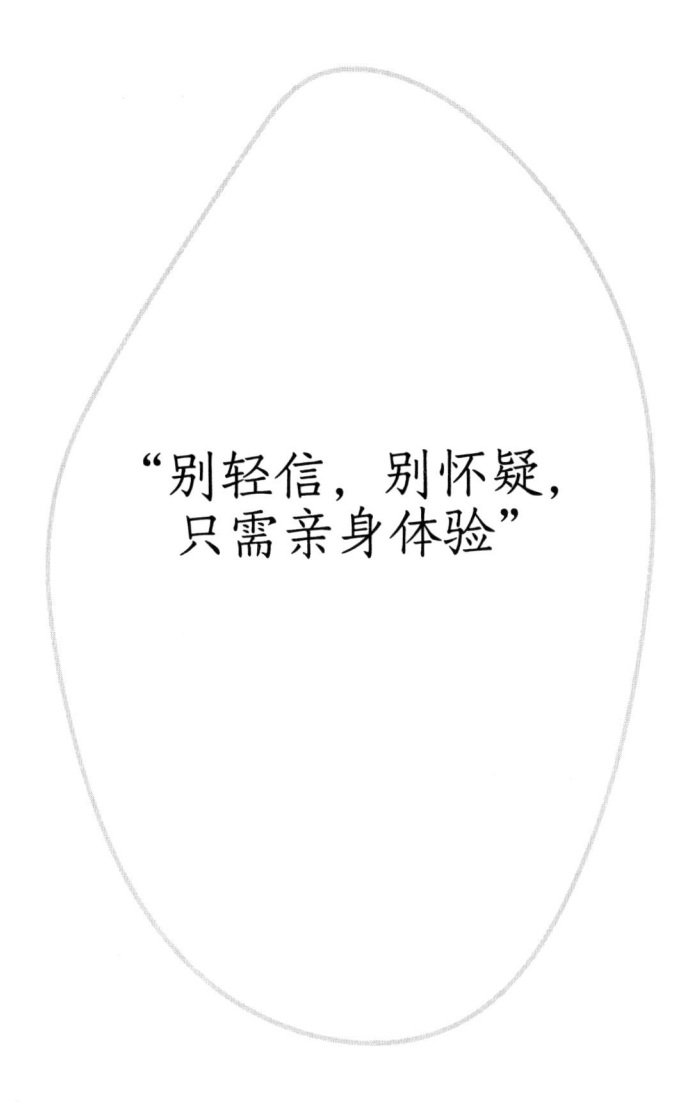

龙村修

逐一查看手中的信息

"是否能正确审视事物",为了确认这一点,首先要逐一验证自己手中的信息。

例如,请试着揣摩任意一个你所掌握的信息,它是否只停留在"单纯的信息"这一层面?还是作为"知识"层面被牢牢地吸收理解了?还是值得确信的,通过自己的实际验证而掌握的"智慧"层面?

将自己手中信息的层面明确地区分开,这是正确审视事物的第一步。自以为知道,自以为明白的话,就会错过重点。看不见重点,就会基于错误的看法进行错误的发言，或者采取错误的行动。因此，平时就应该注意区分自己手中的信息的层面。

山下女士平时常说"为了正确审视事物，分类思考必不可少"，我想和分类思考同等重要的就是"**统一思考**"。要想找到真实的答案，分开来思考和统一起来思考，两者缺一不可。

假如你眼前摆着茶碗和茶壶。认为"这是茶碗，那是茶壶"的过程就是分类思考。相反，统一思考则认为"茶碗和茶壶都是用土制成的"。

或者，对"众人"一词的形容，有人说"十个人十个样"，但也有人说"人人都一样"。说"人人都一样"和说"十个人十个样"时，各自所思考的侧重点不同。要说哪种说法更胜一筹，那应该是束缚较少的那一种，也就是不拘泥于形状和性质等表面可见的差异，从全体中找出共同点的一方更胜一筹。

只不过这样的思考能力，并非一朝一夕就能养成。例如，抽象的思维方式对幼儿来说很难，但是随着成长就会慢慢掌握。同样地，统一思考也需要训练（关于分类思考和统一思考的练习方法请参见本章"通过分类思考培养综观全局的能力"和"以自我为轴心进行思考练习"）。

在现代，人们往往认为科学才是有价值的，但如果将科学性思考看作分类思考，那么宗教性思考就可以被看作统一思考。太阳、大地、空气和水、植物都可以各自进行分类，但如果将它们理解为"支撑我们生命的力量"，那就是统一思考，也可以说是宗教性思考。

客观性的定义是什么

如果说"正确审视"就等同于"客观审视"，那么归根结底，"客观性"到底是什么呢？基于冲老师的教诲，我常常反复思考"客观性的定义"。

每次只要冲老师举办培训会，我一定会数一数现场参加者的人数。在回家途中，老师一定会问我："今天来了多少人？"

我回答："今天来了两百六十三人。"

老师说："好的，知道了。"

但是每次回到道场，老师会将参加人数翻倍，告诉学员说："今天的培训会来了五百人。"这个时候我并不认为老师是记错了，因为这样的事发生了好几次。

老师为什么要在人数上掺水呢？最初我完全无法理解。"难道是冲老师撒谎了？"每次听到老师翻倍报数，我的心情就很复杂。

但有一次，老师在授课时讲了这样一番话："大家可能都认为自己是一个人来参加这节课的，但其实不是。回家后，你们会向家人和朋友讲述这节课的内容吧。此外，大家的学费都是自己掏钱的吗？也有人让父母掏钱的吧。还有人是请同事暂时代替自己工作才有时间来上课的吧。"

老师的话让我醍醐灌顶，当时的培训会参加人数确实是两百六十三人，但是如果将参加者对周围人们的影响也纳入考虑范围的话，参加人数确实就翻倍了。认为"客观人数"等于"参加者人数"的我，反而有所偏颇。

勇敢面对"不明白"

对冲老师的教诲，往往不是瞬间就能领悟其本意的。

要想成为学识渊博的学者，可以通过努力积累知识，或者有的老师认为"有付出就会有相应的成果"，但是对于冲老师，这样的预想完全行不通。

在我和老师之间，有许多百思不得其解的"鸿沟"，但是这些都是由于我自身被束缚其中而无法逾越的鸿沟。因为老师是心境明了的人，所以老师对于困扰我的鸿沟，以及这些鸿沟存在的原因都了然于心。有时候老师的某些毫无征兆却又掷地有声的话语，会令我豁然开朗。

老师的观察力非常敏锐，只要站在老师眼前，大多数人都会觉得瞬间已被看透。因为面对老师时无法蒙混过关，有什么隐瞒的人也只好坦白实情。要是撒了一个拙劣的谎，或者说话带有掩饰，马上就会被老师揭穿："别说这些华而不实的话！"

此外，老师认为，"无心的道歉还不如不道歉"，这一点也让人印象深刻。一般人为人处世常常使用"真是抱歉"或者"给你添麻烦了"之类的话，从形式上确实是在道歉，但是冲老师把这种无心的道歉也看透了，会向人及时指出问题所在："如果要说对不起，那到底哪里对不起别人了？你要用行动来表示！"

在被老师看透本质、被老师批评的过程中，我心中不由得浮现出一个问题：以行动表示到底是指什么呢？

山下英子

"对你的信赖"同时是对我自己的信赖

究竟"正确审视事物"的含义是什么?"正确"的含义又是什么?我们拥有怎样的价值观才算"正确"呢?

如果把"正确"定义为"值得信赖",那么值得信赖又是以什么为判断基准?

冲老师曾说过"别轻信,别怀疑,只需亲身体验",但是现代社会所充溢的信息,往往是我们难以确认真假的信息。即便如此,我们也只能依赖这些信息,将其作为日常生活的判断基准。

"因为某某报纸是这么报道的""因为某某电视节目上播过",于是许多人就觉得这些信息可靠,这相当于不经思考就将媒体的主张囫囵吞枣。关于这种心态,我认为有必要在此探讨一下。

信息都是从一个人传递给另一个人的,当认为"因为是某个人说的,所以我觉得可以信任"的时候,首先要询问自己:为什么能够确认可以信任对方?

于是,人们就会沿着以下思路来思考:"发出这个信息的是某某,他奔赴现场进行调查,取得了第一手资料。依我判断,对方行为诚实,所以我信任某某的信息。"沿着这条思路反思,那么究竟什么是正确的?并非发出信息的人,而是对这个问题做出判断的自我是正确的。"自我"是谁?应该信任什么?这些才是重点。

是否信任某人,是否信任某人带来的信息,做出判断的主体往往是自我。也就是说,相信某个信息,如果再往深处思考，其根本在于：对自我的信赖。因此，如果是不信赖自我的人，那么不管什么人采取怎样的行为，他都无法信任自我。

因此，所有的疑问都不是面向外人或外界，疑问的对象最终要回到自我。动辄向人询问"该如何看待这件事才好"，某种意义上来说是非常"糟糕"的状态。如果真想正确审视事物，首先要确立一个值得信赖的自我，除此以外别无他法。

因此，如果决定要相信某件事，不论结果如何，只要自己接受就好。

例如，我对于龙村老师的教诲可以说是全面地信任，这是因为对信任龙村老师的自己没有任何怀疑。也就是说，我其实信任的是自我，并不是对他人的某种依赖。

如果意识到这一点，遵循老师的教诲却遇到意想不到的状况时，就不会说什么"太过分了，龙村老师！辜负了我对老师的信任！"，而应该是坦然接受这个结果，因为"没有看人的眼光，责任在自己"。

通过分类思考培养综观全局的能力

在第一章的最后提到的"全局观"，是指从外部，或者以更宽广的视野来审视事物。这样一来，才能迸发出前所未有的新想法，这就是我理解的"全局观"的概念。

如果难以理解这一概念，那么可以尝试换一个视角，从物理的角度来思考。例如看着同一个场所，从地面上看，从大厦的三楼看，从十楼看，眼中所见的景色不尽相同。即使认为看的是同一个场所，一旦改变角度，景色也会随之改变。

但是，从物理角度领会的感觉，要落实到日常的思考中去，还需要一些训练。接下来介绍的"分类思考"就是训练方法之一。

反观现实世界，人们常常将"我知道！"或"这点事我也知道！"这样的自我主张强加给他人。认为"知道"等于"明白"的人可能也不在少数，但实际上，"知道"和"明白"之间有着巨大的差异，或者说理解二者的次元根本不同。

自己到底知道什么，又明白什么？如果能够梳理并思考这一点，就不会再轻易使用"我明白了"这句话。如果梳理好自己所掌握的信息，遣词造句也变得更加准确的话，那么潜意识的本质也会发生改变，最终提高综观全局的能力。

将自己掌握的信息分成"这只是我知晓的事情"和"这是我彻底明白的事情"，这就是"分类思考"。

为了正确审视事物，分类思考必不可少。如果掌握了分类思考的思维方式，就能开始有意识地思考曾经无知觉、无意识间接受的信息。随着有意识的思考不断增多，便能从无意识的困惑状态中摆脱出来，以更全面的视野来审视事物。

有句话叫作"黑白分明"，将事物分成Ａ、Ｂ两部分，使二者对立，必然要否定其中一方。不是Ａ就是Ｂ这样的二元论性质的思维方式有着无论如何都无法逾越的极限，于是我总是在Ａ、Ｂ之外再加入一个Ｃ选项。如果分成三部分进行思考的话，就能从对Ａ、Ｂ的二元论思考的执着中脱离，处于一种容易看清全局的状态。

例如，对于自己掌握的信息，除了认为"明白了"和"不明白"，还可以加入第三个选项"似懂非懂"。加入了这样的如同灰色区域的第三个选项，还有可能发现和灰色区域完全不同的第四种橙色区域。既不是黑，也不是白，如果能掌握和前两者完全不同的思维方式，那综观全局的能力将进一步得到提高。

日本有一句俗语叫作"玉虫色的意见"[①]，玉虫色包括

---

① 玉虫：金花虫，色泽五彩斑斓，这里寓意模棱两可。——译者注

赤、橙、黄、绿、青、蓝、紫，真可谓是七彩缤纷。可能对外国人来说，日本就是一个黑白不分明的国家，显得奇怪、狡猾，但我认为模棱两可一点也不奇怪。能够提出包含多种要素的建议，这不是件很了不起的事吗？

以自我为轴心进行思考练习

我将对事物一分为三进行思考称为"三分类思考"，如果将三分类思考运用到日常生活中去，会有怎样的效果呢？下面我将举一个例子。

首先，请想一下你的钱包、壁橱里，以及桌上有哪些物品。将这些物品全部倒出来集中到一处，将它们分成三部分，那么该怎么分类？请自己思考一下如何分成三部分。

所谓"倒出来"，是指将所有物品梳理并通览一遍。

既可以将倒出来摆在眼前的物品按照"原本放在钱包里的物品""原本放在壁橱里的物品"和"原本放在桌上的物品"进行分类，也可以按照"必要的物品""不必要的物品"和"不确定是否必要，暂时保留的物品"，或者是"喜欢的物品""讨厌的物品""虽然不喜欢，但是很有必要的物品"来分类，甚至还可以按照"昂贵的物品""便宜的物品""不知道价格的物品"来划分。

虽然只是简单地要求"三分类"，但是分类方法也是因人而异的。这也表示物品之间的关系也是如此多样化。

对家中物品进行断舍离的时候，我也常常使用三分类思考法。

我常用的三分类的基准是"要"（必要或不必要）、"适"（合适或不合适）、"快"（心情舒畅或反之），但也会根据对象和状况选择适当的分类基准，不断探索人和物品的关系。

此外，提高三分类思考能力的同时，从宏观上来理解事物的"统一思考"的能力也会得到磨炼。

例如,"必要""不必要"和"保留"三类中,"必要"的物品还可以细分为"现在马上就要用的物品""今后要用的物品"和"暂时不用的物品"三类,还可以把"现在马上就要用的物品"再细分为三部分。一次又一次深化细分,以统一思考来重新理解整体的过程必不可少。

通过三分类思考以全新的视角来审视事物的话,那些顽固地认为"这个东西还在用,不能扔掉"的人,也能从一直束缚他的思维中解脱出来。对无法扔掉物品的人来说,他们的想法也基本一致:"明明还可以用,所以无法扔掉。"对于这样的人,如果将物品全部倒出来集中在一处,并通过三分类思考,按照自己考虑的必要性和喜好重新思考的话,那么他的思维就会更加自由。也就是说,从以物品为轴心的视点,转移到以自我为轴心的视点上来。

希望读者注意的是,即便是同一件事物,如果三分类思考的基准发生改变的话，那对事物的认识也会发生巨大的改变。平时在自己家里能随时进行锻炼自己思考能力的练习，这也是"断舍离"想要告诉大家的一条重要信息。

"别自缚，别拘泥，
别企求"

龙村修

"海外冥想法"的精华

冲老师常说："别自缚，别拘泥，别企求！"

能够感觉自己"被束缚"的人一般确实是被某种念头强烈束缚着的，但是普通人做梦都不会意识到自己处于某种被束缚的状态吧。

我们对事物的看法和感受，与我们成长的环境、常识、风俗、文化，或者是学说和普遍看法都在不知不觉间产生深刻的联系。因此脱离固定的思维，为了以更加全面的视野更加深刻地审视事物，我们需要"修行"。虽然可以从修行中领悟很多道理，但是以自我能力往往很难有所领悟，需要获取相应刺激的环境。

冲老师经常去国外，我想他的目的并非局限于瑜伽的普及。我每年也会去国外，去国外的首要原因在于：国外的常识和日本的不同，容易得到新的领悟。实际上，在和外国人接触的过程中，我常常能够意识到自己意识中的束缚，并领悟出新的道理。因此，我将在国外进行修行式旅行称为"海外冥想法"。

通常我们都是用"好坏"的观点来判断事物，对于某件事也往往抱有喜怒哀乐的情感。但是这样的判断和情感，几乎都是基于我们所接受的特定价值观、风俗、文化而产生的条件反射。并且社会的价值观和风俗、文化与普遍的真理未必一致。

每次我去国外旅行的时候都会思考：不能彻底领悟和把握住普遍的真理，我们的心灵就无法得到真正的平静吧。

我想真正的国际性就是在全世界通用的真理，只有真理才是普世的。

价值基准用在何处

我在2012年8月去过一次不丹,有不少饶有兴味的见闻,受益匪浅。

在不丹,测量国力强弱的基准不是GNP(国民生产总值)等经济能力,而是"国民幸福总量"。这是和其他国家截然不同的视角。在这样拥有独特价值基准的国家里,我常常反思自己的价值观,领悟了很多道理。

在发达国家存在"购物时有折扣是最棒的",或者是"大量生产能够降低成本"这样的主流思维方式,在不丹却不同。在不丹,人们为了获取大量的电力,不会修建巨大的水坝,因为他们认为修建水坝会带来不可预测的生态影响。不丹人在地上挖掘洞穴,修建小型的发电站,将电力卖给印度赚取外汇。

此外,不丹保留了许多古建筑,老人会花费一整天的时间转动经筒,这些都给我留下了深刻的印象。他们为了维持社会的安宁而引入了佛教的教义，以此为中心开展生活，实际上他们看起来都是内心极为平和的人。

我并不认为以GNP为国力基准的所有国家都应该效仿不丹。但我认为过度以经济发展为核心的日本应当转变思维方式，重塑曾经尊重心灵平静和精神的日本式文化。和自然协调共存的可持续发展社会环境也和瑜伽的思维方式一致。我希望今后社会也能引入这样的视点，谋求可持续性发展。

体会自己灵魂深处的追求

接受杂志采访，偶尔会被问到关于我兄长（电影《地球交响曲》的导演龙村仁）的话题。记者会问我："在您的家庭里，您的父母采取怎样的教育方针呢？"

虽然我在瑜伽的领域工作，兄长在电影的领域活跃，但是实际上两者在内容上都差不多。有人会问，这是因为您的父母进行过相关的教育吗？其实我的父母完全没有进行过什么相关的教育。

回想起我成长的家庭环境，我的父亲（第二代继承人龙村平藏）是一个寡言的人。母亲也差不多，不会对我们指手画脚。因此，我们总是自己做出决断。我考上东京的大学时也只是报告了家人一声："我要去念书了。"我从来没有问过父母"该读哪所大学好"，因为我心里清楚，问了也得不到任何回答。对我来说，只需要告诉父亲我的最终决定即可。母亲则容易亲近一些，住校期间我可以很坦然地告诉母亲生活费不够了，请寄些钱给我。

就算是一家人，往往思维和喜好方面也仍然有差异，就算是长得几乎一模一样的双胞胎，也可能会做出截然相反的选择。只能说虽然 DNA 相似，每个人的"灵魂却是独一无二的"。要说什么是"灵魂",或许就是被某种事物所吸引,对某种事物有偏好。

自己的灵魂到底在追求什么,到底喜好什么? 如果能够在这个层面有所领悟,那么就能找到自己真正的幸福和生存价值。找到灵魂层面欲求的人,即便在旁人看来他从事的是非常辛苦的工作,只要他本人认为"这就是我的天职",那么他就能够专注于这份工作,并且专注于工作对他来说是一件愉快的事。

另外,不在灵魂层面上判断事物,例如因为得失或者因为存在社会性价值等理由而做出判断的时候,人会停留在思维层面进行判断,于是当工作推进过程中发生问题的时候,人们往往会觉得束手无策。

因此我认为"别自缚,别拘泥,别企求"这句话,是脱离了现在的社会性价值观和得失等判断基准的思维方式。通过练习瑜伽来提高审视事物的全局性视野以及感受能力,并按照自我更深层次的欲求做出选择的话，人们一定能做出正确的选择。因此维持潜意识的明确状态，充分感受自我更深层次的欲求，这都是极其重要的。

在潜意识中如果加入过多不自然以及不适合自己的信息，这些信息都会成为思维的阻碍，人们就容易迷失自己，忘记自己真正想要做的事、真正想要的事物。

"断舍离"和瑜伽有一个共同目标

山下女士提倡通过物品来审视自己，明确潜意识中的"断舍离"，但其实通过练习瑜伽，也能达到和"断舍离"所追求的同样的境界。

身体其实也算是一种物品，其中蕴含了无数的信息。例如愤怒的人会肩膀倾斜，或者脖子僵硬。瑜伽既不是体操也不是运动,而是审视自己内心的行为,通过持续的练习才能彻底把握自我,随后身体和心灵也会发生变化。

明白这些瑜伽本质的人,比起男性来说,似乎女性更多。每次我询问前来学习的女学员:"为什么练习瑜伽?"她们常常会凭感觉回答:"起初我只是想试着练习一下,没想到心情变得很舒畅!"可能原本女性就更加重视身体和健康吧。

另外,男性往往是将健康放在一旁,把几乎所有精力都投入工作。虽然这不是什么坏事,但是身体是工作的基础,男性对自己身体的关心未免也太少了。男性就算在医院体检后发现结果不佳,也会很不以为意地认为"总会好转"的,而不采取任何预防措施,然后某一天突然就病倒了。累坏身体后才意识到健康的重要性,这样的人比比皆是。

一般男性都不会怎么认真地接触和练习瑜伽。他们总是寻找各种借口,"我身体太僵硬了,练不了瑜伽",又或是没有瑜伽专用的服装,总之有各种理由。可以说,男性非常排斥瑜伽这种看起来不怎么潇洒的运动。

瑜伽总体来说是一种让生命喜悦的方法,不论男女,只需要单纯地面对自己的身体,快乐地练习就足够了。男性其实也可以练习瑜伽,"练过之后确实心情舒畅",如果有了这样的感觉就会找到练习的动力,因此我始终认为一部分男性从不接触瑜伽是很可惜的事。

山下英子

厌恶感是改变自我的好机会

冲老师的教诲中有"别自缚,别拘泥,别企求"这样一句话,通过这句话我有意识地审视自己的思维方式,我对事物的看法也随之发生了改变。

我不再以"好坏"或者"正确、错误"等观点来审视事物,而是开始意识到,"人各不同,每个人都有不同的意见""正确也好,错误也罢,根据不同的状况和价值观,这些都会千差万别"。

我们习惯于用"好坏"以及"正确、错误"这样的观点来审视事物，但是这样的判断中必然蕴含了愤怒、困惑以及厌恶。只要混入了感情，思考就在那一刻停止了，对事物的多角度观察也随之停止。

例如，假设自己对某个事物怀有厌恶感。这时只要观察自己的内心，就能发现这样的厌恶感其实源于自己的某个价值观。

几乎所有的人都认为，厌恶感的产生来自他人和外界，并且只要他人和外界不发生改变，这样的厌恶感就不会消失。那么，究竟为什么会产生厌恶感？是因为他人的言行或外界和自己的价值观不一致。也就是说，厌恶感不是外界的问题，而是内心的问题，一切都是源自自己的感觉。

例如，我对于吃面条发出声音这件事持有厌恶感，我的女性朋友却没有厌恶感。这是因为我和她的价值观有所不同才产生的差异。那么在探寻"我的内心到底持有怎样的价值观"的过程中，就能意识到自己无意识中形成的价值观。

我认为,"当人们感到厌恶的时候,那就是看清自己无意识形成的固定思维的绝好时机"。因为借此机会可以分析自己在无意识中形成的束缚自我的价值观。如果这个时候还不着手改变自己,那就一辈子都要抱着这样的价值观(即厌恶感)活下去。不得不说,这条路会走得很辛苦。

感到厌恶的时候坦然接受,"将它视为重新审视自己的价值观的契机",并通过冥想回顾过去,就能得到新的领悟。多亏瑜伽,我才掌握了这样的训练方法。

"断舍离"对母亲的期待

自己觉得很重要的事物,在别人看来却不过是种麻烦,这样的事情很常见。这种时候,还常常会对他人抱有一种"你为什么就这么不理解我呢"的愤怒情绪，退一步来讲，这其实是人和事物的关系各不相同的表现而已。如果拘泥于自己的看法，那就很容易对别人的看法感到愤怒。

家人之间就是这样，很容易因为感情原因而起争执。家人在某种意义上来说，就是"互相抢夺势力范围的劲敌"，为了确保让自己感觉舒适的空间而每天产生争执。如果是外人的话根本就不会在意，但如果是家人的话就会产生情感上的反应。

对我来说，我的亲生母亲就扮演了这样一个劲敌的角色。母亲今年八十一岁了，但是从很早以前我和母亲就一直互不相让。

大约十年前，我和母亲开始一起生活，因为我们的思维方式完全相反，所以母亲对我的许多行为都感到惊讶。她对物品有依赖症：虽然很喜欢购物，买了之后却不怎么灵活使用，她就是这样一个人。虽然之前也有好几次意识到"我和妈妈的思维方式不同",但是真正一同生活后才意识到思维方式和价值观的差距有多么巨大,接二连三地让我在心理上受到不少的打击。曾经有三年的时间我都一直在烦恼:"为什么神要在我的身边安排这样一个人?"

现在,我和母亲已经几乎没有什么争执了,回头来看,母亲持有一种"女儿一定要我这么做"的价值观,我持有一种"母亲应该这么做"的价值观。这两种价值观总是发生冲突。

人们身边有父母、孩子、兄弟姐妹等各种不同的人,不论是谁,身边总会有一个和自己的价值观起冲突的对象。和我的价值观起冲突的不是我的丈夫,这实在是万幸。因为和伴侣在一起生活的时间很长,伴侣同时是构筑生活的团队伙伴,要是价值观上有冲突,婚姻很难维系。另外,我们迟早有一天要离开父母独立,心中有种"超越父母"的想法,离开父母就避免了价值观的直接碰撞。这样思考的话,我和母亲的接触才变得稍微融洽一些。

同时，和母亲争执结束的时候我也意识到：母亲有母亲的价值观，母亲从这样的价值观中也获取了知识。母亲过着她自己的人生。最终对我来说，抛开面对母亲的心理矛盾就是最大的"断舍离"。

终极的"断舍离"就是：领悟到"人们是各自过着自己的人生""别人有和我不同的价值观，每个人有每个人的人生"。

通过和母亲的接触，某种程度上我领悟到这个道理，可能在别人看来，我绝对不是一个温顺的女儿。但就算人们诽谤我说"山下实际上对母亲非常冷漠"，我也会将它当作一次摆脱自己对俗世的执着和心理矛盾的挑战。

因此，我对母亲常常表现出"你有你的人生，请勿干涉"的态度。就算母亲对我有再多的怨言和不满，我也只会认为：这都是母亲所期望的，这都是源自母亲的潜意识。虽然现实生活中不曾对母亲提到过"潜意识"这几个字，但是对待母亲，我确实是采取了这样明确的态度。

一切终将在自己身上应验

我有个自己的见解：如果周围存在和自己的价值观差异巨大的亲人和伴侣，恐怕那就是自己潜意识中的执念所产生的影响。我想，面对价值观不同的对象，人的灵魂会主动对自我支柱和思维方式给予试炼。冲老师曾经说过："应该把婚姻当作修行的场所。"也许婚姻中确实有这样的时刻存在，必须磨合夫妻的价值观。伴侣和父母则不同，是自己可以选择的对象。认识到这一点再接受婚姻生活尤为重要。如果以"自己的不幸都是伴侣的错"这样的被害者意识来审视婚姻，那么就永远也无法领悟婚姻的重要意义。

首先要以自我意志来选择婚姻，在婚姻的进程中再做出新的选择，对于这个思路我是非常认可的。人们要从"今后也要在一起"或者是"分手吧"这两个选项中选择一种。但如果不接受自己的意志就做出新的选择的话，可能还是会遇到和上一个同样类型甚至是变本加厉的伴侣。在生活中偶尔也能碰到这样的人，旁人总是禁不住要问："你到底要重复多少次同样的错误才肯罢休？"

虽然自己心中的想法很明确："我需要学习这样的经验，所以我需要选择这样的伴侣。"但人们无视自己灵魂的声音，常常做出表面化的选择。人们通常认为"只要换一个对象，应该就能得到幸福"，但是很遗憾，往往都是事与愿违。如果没有新的领悟，婚姻只会一再地重蹈覆辙。

不管是本章的标题"正确审视"，还是婚姻生活，一切终将在自己身上应验。**因为自己周围所发生的一切，其实都是自己选择的结果。**自己的思考、感觉、感性、潜意识、灵魂……这些都是自己选择的结果，现在呈现在自己眼前而已。承担责任做出新的选择，以及不承担责任而重复同样的事态，两种可能性都取决于自己。

做选择时的决断力是
自我的圣地

冲老师的教诲中有一句"别企求",这句话对我而言非常重要。

"体谅"是指为他人着想,但我认为"我是为你着想才这么说的",这句话中必然含有虚假的成分。这句话的潜台词其实是:"请你按照我所期望的来做!"

真正为人着想,就不应该随意踏入他人做决断的范围,为了他人能够按照自我的意志做出决断,就应当保持一定的距离。例如对于"保留什么,舍弃什么"这样的疑问,就是极其重要的做出决断的机会。如果这个时候不断询问他人"我应该保留什么,我应该舍弃什么",可能就永远也找不回囚禁于他人价值观中的自我。

父母子女之间,父母肯定会为子女提供许多信息。我一直很注重"虽然父母要向子女提供信息,但是最终做出决断的是子女本人"这一观点，但是我的儿子似乎并不接受这一点，总是希望我代替他做出决断，所以我们之间存在分歧。这样的分歧，即便是今天也在我心中留下了不亚于失恋的伤痛。总而言之，不论好坏，母亲对孩子都有巨大的影响力。

在"断舍离"的研讨会上，我也碰到许多通过反思自己和物品的关系而意识到自己和母亲之间的关系的人。这些人对母亲介入自己做出决断的范围这件事抱有愤怒，母亲对女儿的干涉尤为严重。但是几乎所有的人都未能察觉，对于父母干涉自己这件事的愤怒仍然止步于一种"这个不能扔""那个也不能扔"的混沌状态。

"不能扔"这样的观点，很大程度上都是因为直接接受了父母的价值观。随着思考的深入，就会意识到"不能扔"这样的观点并非自己的价值观，而是由于父母的介入而被迫植入的价值观，这时候人们才开始感到愤怒，终于意识到此前自己的决断已被父母过度干涉。

对父母的愤怒，随着审视物品而不断升华。人们会再次询问自己："父母说这个东西很有必要，但是对现在的我来说真的有必要吗？"扔掉和保留都由自己做出决断，人的潜意识才会愈加清晰，愤怒也会逐渐平息。同时我们可以更全面地看清楚父母的干涉：正因为父母有那样的价值观，所以才说出那样的话。这样的醒悟会给人带来自由感。以上就是"断舍离"的重要步骤，也可以称为瑜伽的效果。

第三章

鼓起勇气

如果认为没有勇气是"无法着手某件事的状态"的话，那么想要着手某件事的想法为什么就无法落到现实中去呢？想法和行为的分离，是源自我们自身哪部分的问题？

冲老师曾说过"被结果束缚，就是最大的问题"。在着手之前就杞人忧天，认为"可能会失败""可能做了也是白做"的话，那终将一事无成。本章会探讨将想法落到现实中去的方法，以及迈出第一步的重要性。

"尽人事，听天命"

龙村修

培养从既定事实中学习的能力

对于没有足够勇气的人，冲老师总是给予他们鼓励："埋头苦干，埋头苦干！""不要被世俗的成功和失败所束缚！"冲老师认为任何事物都有可取之处，他说："人要从既定事实中好好汲取经验，增强自己的实力，凡事都要一直埋头苦干，奋勇向前！"

如果恐惧失败，那索性从一开始就抱着必然失败的心态还有必死的觉悟。

冲老师的书中多次提到："尽人事，听天命。"也就是说，自己只管努力付出，努力的结果则是由老天决定的。老师认为：被结果束缚就是最大的问题。

在冲瑜伽道场会进行各种增强身心的修行，冲老师总是盯着在场的每一位学员。他让学员站在高处，从上面跳下来，当然下面会有保护身体的软垫，但仍然让人心生恐惧。

人都有破釜沉舟的时候，破釜沉舟的时候就能使精神统一，发挥出自己原有的实力。振奋自己的意志，**将眼前的变化当作机遇**，从中汲取经验提升自我，一直维持这样的状态，曾经办不到的事情也能顺利找到突破口，从困惑和束缚中摆脱出来。

实际上，不少拼尽全力参加训练的学员渐渐掌握了各种能力，对事物的偏执也消失了。在某种意义上，学员通过冲瑜伽的修行，获得了从无意识的自我束缚中解脱出来的自由。获取身心自由，也是瑜伽所向往的境界。

冲瑜伽道场里进行着各种修行，乍一看是标新立异的体能训练，实际上这些都是改变思维的好方法。

平时，我们总是给自己设置各种各样的限制，这些限制在无意识间又会影响我们能力的发挥。太在意结果而无法好好完成眼前的工作，这就是限制之一。冲老师着眼于此，将突破限制的方法命名为"强化法"，让学员进行各种练习。

基本上所有的瑜伽都有共同的目的：在任何时候、任何地点都能将自己的实力最大限度地发挥出来。地震发生的时候，如果还认为"这是计划外的事情，无法应对"的话，那么只有死路一条。**平时也好，危急关头也罢，为了任何时候都能采取最佳的应对措施而始终保持思维的开阔性，这就是瑜伽的目的。**正因为如此，冲老师的言行都非常严厉。

顺便说句题外话，瑜伽的长处是能够让人"拥有必须做到的决心"，并非让肩膀和脖子都保持紧绷的"必死"状态。练习瑜伽的目的在于让人感到极度紧张的同时，也让人感到极度放松。在练习的时候要时刻意识到"以丹田为中心运动身体"。收紧腹部练习瑜伽和随意用力练习瑜伽，两者所达成的效果是截然不同的。

在练习中完成一个姿势后放松，再完成一个姿势再放松，重复绷紧和放松这一过程。如果用尽了全力绷紧，那必定能够彻底放松。这样练习才能产生一种达观："既然已经这么努力了，那结果如何都已无所谓了。"相反，如果不倾尽全力，最终还是无法跳脱对结果的偏执。

不论结果如何，当我们达到"能做的都做了，只需要接受结果"的境界时，我们就能从结果的束缚中解脱出来。

山下英子

将想法付诸行动

如果认为没有勇气是"无法着手某件事"的状态的话,我认为无法着手的原因就在于心灵被"结果"所束缚了。

如果我们在意结果,担心"做了某件事会有某个结果",那么我们脑中就会接二连三地浮现出失败后的景象。"这样做的话会有什么后果""我似乎可以预见失败",如此这般,人们在担心的同时,也失去了行动的勇气。

不思考"我自己真的想做这件事吗"或"我应该做这件事吗",反而思考"做了这件事,会成功还是失败",那就算不上以自我为本位在进行判断。不依赖他人而以自我为本位来进行思考，以自己的想法为出发点，这才是产生勇气的根源。

自己做出决断的时候却要考虑各种得失，担心"别人会怎么看"的话，就只会愈加偏离自我支柱，好不容易"想要尝试一下"的想法和能量，会如同漏气的气球一样变得干瘪。最终，无法将想法付诸行动。因为不尊重现在的自己想要采取的行动，也就是不尊重自我的时候，所以想法是无法付诸行动的。

冲老师就是一位想法联系实际行动的人。但我做不到这一点，所以我非常能体会"没有勇气"的自卑者的心情。可能为"没有勇气"而烦恼的人都是被"不许失败"这样的价值观所束缚的人吧。

冲老师常常给予我们如何从价值观带来的束缚中解脱出来的建议。例如老师曾说过"尽人事，听天命"，其重点在于自己是否真的"尽人事"了。未尽人事，也就是应该做的事情没有尽全力做好反而偷懒的话，那理所当然自己心中对结果的期待也只会一片灰暗。

干脆什么都不做的话,确实能暂时避免失败。因为不想出丑、不想受伤,所以就保持原状什么也不做,这种事情很常见,但实质上结果不会有任何变化。

积极地解释
"自作自受"

我曾经有过这样的苦恼:想说的话却没有勇气说出来。

那是我刚刚结婚,开始和丈夫的双亲一起居住的时候。婆婆和我的母亲都向我倾诉"失眠的烦恼"。不管我怎么倾听两人的苦恼,不管我提出怎样的建议,情况似乎都没有什么改善,没过多久,反而是我觉得不堪其扰。我甚至开始烦恼:难道两人都是因为我而失眠的吗?

两个人失眠和苦恼确实有一部分是因我而起——因为自己的身边多了一个媳妇而产生的压力，因为女儿必须离开自己所产生的压力。最后，由于反复倾听两位长辈的倾诉，反而是我先病倒了。大概有一个月的时间，我都处于疗养的状态。

疗养期间，我意识到"这次生病，都是我自己造成的"。并且我充分接受了生病的原因出在自己身上这一点，我心里很清楚这是瑜伽让我得到的领悟。

当然，生病的直接原因是我自身、婆婆和母亲三人之间产生的压力，我被长期的压力压垮了。但是，对这份压力无动于衷、导致最终积郁成疾的是我自己。我认为这样下去的话，"最可怜的还是我自己"，为了让自己振作起来，我允许自己"生气"，心中有什么不满就直言不讳。

对我而言，"生气"就是放弃当一个"好媳妇"和"好女儿"。但是要付诸实践，确实需要莫大的勇气。但我当时判断，"如果再不鼓起勇气对长辈说出想说的话，我可能会死"，正因为如此，我才有了"必死"的决心。如果当时没有鼓起勇气，我可能早就已经神经衰弱了，之后的人生也会如同行尸走肉一般度过。

在日常生活中，明明很生气却拼命抑制怒火，一直扮演"被害者"的角色而积郁成疾的例子并不少见。但是，我没有选择那条道路。我认为："如果持续这样的状态，最可怜的是我自己，是我的生活。"

"自作自受"这个词常常用来自责，但我意识到"原因出在自己身上，解决的方法也能从自己身上找到"。

归根结底，改变自我原本就是非常困难的事，我们却还希望依靠别人来改变自我，这显然是错误的。我认为必须由自己找到解决方案并付诸实施，改变终究还是要靠自己。

传达给别人的勇气和接收的勇气

说到"勇气"这个词,大家可能会联想到参加决斗,或者是牺牲生命等。但是,对平凡的我们来说,最需要勇气的,就是将想说的话原原本本地表达出来。并不是生命受到威胁,被逼上绝路之类的勇气,而是日常生活中的勇气。

在人际关系的构筑上,将想说的话,包括难以启齿的话,原原本本地说给家人和其他亲近的人听,这是需要极大的勇气的。例如我终于还是通过某种手段向婆婆表达了我原本的想法:我没有义务继续倾听婆婆失眠的烦恼。

如果没有坚定的意志和勇气,我就只会自暴自弃地认为"反正我说了别人也无法理解",或者"我要是这么说,对方肯定会那样反驳我",接二连三地给自己找无法鼓起勇气的理由。通过避免直接表达自己的想法来解决问题,确实可以达到保护自己的目的。但是这样一来，眼前的问题永远都得不到实质性解决。

表达爱意也需要勇气。告诉对方"我喜欢你"，其实和告诉对方"请你也喜欢我"一样，都是非常需要勇气的。告诉对方"我喜欢你"和告诉对方"请你也喜欢我"，这两者是不可割裂的。

有时候明明只要告诉对方"请你喜欢我"就可以解决的问题，由于人们往往羞于启齿，反而责怪对方"都是你的错"，这样的情况很常见。归根结底，爱情如果没有接受的一方，那也就不存在付出的一方了。

觉得自己总是在付出的人，偶尔也可以试着站在接受的立场上。这样一来就能意识到自己的自尊对接受爱情产生了多大的障碍。因此我认为，**爱情既需要付出的勇气，也需要接受的勇气。**

"瑜伽是为了让人们从业障中摆脱出来的真谛"

> 龙村修

单靠理性
无法控制自我

对人生来说，"克己的勇气"必不可少。克制自己的时候，常常使用"自我控制"这个词，控制的对象是感情和欲望，这不单是一种能量，还是一种"冲动"。就如同无法急刹车一般，感情和欲望的冲动也是无法突然熄灭的。将冲动的能量压抑在心中是不可取的。

此外，"自我控制"和"抑制"看起来很相似，但其实截然不同。

例如，恋人和夫妇之间有什么想说的话一直闷在心里，某一天一定会突然爆发。如果每隔一段时间就爆发一次的话，后果可能还不那么严重，要是长时间有什么话憋在心里，最终发泄出来的时候，婚姻或恋情就可能无法挽回了。这就是勉强抑制冲动而产生的负面影响。

如果把控制感情和欲望理解成开车时打方向盘会怎样呢？将感情和欲望引向别的方向，并想办法花费时间使冲动平静下来，这才是明智的自我控制方法。

有的人想要用理性来控制感情和欲望，如果真想控制感情和欲望，那么就需要以比理性更高的层面来进行控制。也就是说，不单是欲望和感情，还需要控制理性本身，这时候就需要运用一种叫作"佛性"的能力。

姿势和动作的中心，也就是身体运动的中心，被称为丹田。相应地，震撼心灵的中心就是佛性。丹田力是佛性力的根基。冲老师围绕丹田和佛性，提出了不少独特的观点。

冲瑜伽对理性、感情和欲望一视同仁，为了让三者取得平衡，而运用佛性进行控制。就个人而言，我是按照后文中介绍的方法来进行自我控制的。

理性绝对不是万能的。有时候觉得自己很"理性"，但在别人眼中不过是个"疯子"。真正能够控制理性的状态，应该是没有束缚、自由平静的状态。

成功实现心中的期待需要两个要素

"心里知道这样不好，但就是放弃不了"，这样的状态就叫"业障"。冲老师说过，瑜伽中蕴含着让人从业障中解脱出来的智慧。

虽然放弃自己长久以来的坚持或癖好需要毅力和勇气，但是我认为，挑战至今未知的领域，或者相反地进行戒烟和断食，戒除长久以来的癖好——从这样的经验中可以学到很多智慧。此外，这样做对于净化自己的业障也是大有裨益的。

冲瑜伽的修行，分为十个过程。最初的阶段叫作"Yama"（禁戒，禁止的意思）和"Niyama"（劝诫，积极行事的意思）。其实不仅限于瑜伽，这两个阶段在现实生活中也能广泛运用。

例如，有个想减肥的人，很明显，他至今的生活方式、饮食习惯和运动方法对减肥都没什么功效，这时候引入 Yama 和 Niyama 的话，就能发生变化。

所谓禁戒，就是例如以前每顿饭都是吃两碗，那么就减少到一碗。至于劝诫，就是例如为了解决运动不足的问题而每天步行一万步等。

禁止做某事和积极行事，只有当两者共存的时候才能获得平衡。如果老是禁戒，人就会特别在意禁止事项，容易把自己逼入困境，难以坚持。于是人们开始自我怀疑："总觉得不舒服，是把饭量减少到一碗的原因吗？"但是禁戒搭配劝诫的话，凡事都能积极面对，心情舒畅，事情也就能积极推进了。

我从戒烟中学到的知识

戒烟需要同时运用 Yama 和 Niyama 才能成功，或许这是最浅显易懂的例子。

一直吸烟的人突然想要戒烟，但对他来说香烟具有某种功效，那就需要寻找某个替代物来代替这个功效。如果只是单纯地戒烟，很容易产生压力，难以戒断心瘾。

我也有过戒烟的经历。直到 1990 年前后，我都吸烟。加上冲老师也吸烟，我当时很严肃地认为香烟真的是一种让人放松的工具，但是因为某件事，我下定决心戒烟。那是在美国集训时发生的事。

在我任教的班级下课后，我利用休息时间在办公室里吸烟，有人误入了办公室。我们四目相对的瞬间，他露出惊讶的表情，我心想："啊，糟糕，被发现了！"因为美国是非黑即白的国家，如果某个人认为烟酒有害健康，那么在任何情况下他都会对烟酒持否定态度。他会认为从事健康事业的人竟然吸烟，简直就是荒谬。被人发现偷偷抽烟令我自责，果不其然，那位学员从集训场所离开了，最后不知去向。

可能他认为，我在课上讲得再高尚，却在背地里偷偷吸烟，"这个人的话不值一听"。就在那一瞬间，我决定戒烟了。此前反反复复戒烟好多次，唯独这一次我铁了心要戒除。

从美国回到日本以后，我开始尝试各种戒烟的方法。但是妻子还是说我身上有香烟的臭味，怀疑我还在吸烟。可能是因为堆积在体内的尼古丁还没有彻底散去。此外，一到傍晚的时候我还会发荨麻疹，当时我才深切认识到：我曾经有多么依赖香烟来抑制自己的焦躁。

因此为了代替吸烟，我尝试了许多排解压力的方法，最有效的就是改变工作方式。具体来讲，就是不再那么拼命地写稿件了。

以前我常常一边抽烟，一边写到凌晨三点左右。这种方式确实给人一种"竭尽全力在工作"的印象，但我还是做出了改变：**让身体处于最佳状态，只在最佳状态的时候工作，如果感觉疲劳就立刻结束工作。**

例如，感觉疲倦的时候就立刻停下工作上床睡觉，或者洗个澡。只要觉得疲倦就马上转换心情，不那么疲倦了再开始工作，总之就是避免精神的过度集中导致的疲劳。我还掌握了转换心情的方法。戒烟花费了半年的时间，之后我就不再碰香烟了。当然最开始有段时间连做梦都能梦见香烟……

当时养成的生活习惯，我现在仍在实践。在电车中看书，一旦觉得疲倦就马上合上书本。工作的时候，只要感觉疲劳就立刻停止，然后通过呼吸法和冥想调节身体状态后再开始此前的工作。

"排泄能力既是生命力，
也是呼吸能力"

> 龙村修

将万物理解为"能量"

以我的经验来说,从"能量"的角度来审视事物的话,会得到不少新的领悟。在此介绍三个审视的要点:

收放自如、平衡和流动性。

如果从收放自如的角度来分析自己的身体状况的话,首先要明确自己是否能够充分地发散能量。"总觉得自己还差点什么"而不断进食、购物或收集信息,却又不将能量发散出去的话,身心都容易"消化不良"而引起"便秘"。因此,如果"接纳"了某种能量,相应地就应该"发散"出去某种能量。接纳多少就发散多少，在重复的过程中就会发现自己掌握了发散的能力。瑜伽认为：**人们应该积极地发散能量，并只接纳必需的能量。**

"发散"也可以理解为发挥"排泄能力"。冲瑜伽认为"排泄能力既是生命力，也是呼吸能力"。近年来，罹患抑郁症的人非常多，我想其中的一个原因就在于没有顺畅地发泄能量。在日常生活中拼命工作、发散能量的人，原本是不可能患上抑郁症的。我想，在处理心理问题的时候，与其直接面对这些问题，还不如先将过剩的能量发散出去，这样自然而然就能找到解决之道。

接下来谈谈平衡的观点，一说到平衡，就能举出各种例子。

既有人际关系的平衡，也有大脑和身体的平衡。就连内脏的属性都有阴、阳和金、木、水、火、土（认为肝脏、心脏、脾脏、肺、肾脏相互影响的中医理论）之类的平衡观点。只关注某个点的平衡，问题就很难得到解决。关注相关点上的各种平衡关系，才能取得整体的平衡，这一点很重要。

我们在日常生活中的养生，也和平衡有着深刻的联系。例如，力量集中在上半身的话，下半身就会觉得乏力。肩膀和脖子酸痛的人，我推荐加强腹部和腿部力量的运动。不单是针对酸痛的肩膀和脖子进行按摩，还要将力量集中在腹部和腿部进行运动，例如通过反复练习高抬腿，就能有效改善肩膀和脖子的酸痛。通过这样的运动，人也会变得更加平易近人，据说有位以一本正经而闻名的演员每天都要练习高抬腿。我想这也验证了"**获取整体平衡**"这一观点。

一般人只重视事物中存在的偏差，或者说是有强烈不协调感的地方，往往只是针对那个部分思考对策。如果被这种思维方式束缚的话，就会距离"将上半身过度集中的力量转移到下半身去"这样的整体平衡观点越来越远。如果全身能够取得适当的平衡，肩膀和脖子就会自然舒展开来。如果缺少这样的视角,即使在肩膀和脖子上贴一些膏药取得一时的疗效,也无法从根本上解决病痛。

获取平衡的观点可以运用于各个方面,这就是瑜伽的思维方式。

最后谈谈"流动性"。"流动性"就是"不断变化"。

例如,觉得肩膀酸痛的话,那就是因为肩膀周围欠缺流动性,没有发生必要的变化。

古人认为生病就是因为身体缺乏流动性,改善流动性的话就能治愈疾病。有句话叫作流水不腐,这就是古人从自然的状态中领悟出来的道理,因此才会按摩身体僵硬的部位,或者是对因为寒冷而血流不畅的部位施以热敷进行治疗。这样的治疗是基于对生命的信任而进行的。古人认为不应当妨碍生命的流动,而应该在推动生命流动的前提下进行治疗。

因此,接纳之后必须发散,以整体的视角修复不平衡，流动性欠佳的话就调整循环。一步一步做到上述要求的话，问题基本上都会迎刃而解。可以说，这既是身体的问题，也是心灵的问题。

有勇气的态度就是坦然的态度

只要是人，谁都会有软弱的时候。不管嘴上说得再强硬，人们始终认为自己才是弱者，自己才是应该被可怜的一方，自己才是正确的。人们总是觉得和他人合作的时候，自己努力做了该做的事，别人却没有怎么努力，一定在偷懒。但是很遗憾，这样的观点不一定符合事实。

看清自我是一件很恐怖的事。但是如果真能看清，心里就会轻松不少，因为没有必要对自己撒谎。"我并不是那么优秀,也不是那么差劲,我也不希望给别人那么优秀或者那么差劲的印象",勇于接受真实的自我,才能保持这样坦然的态度。

山下英子

有改变自我的勇气
才能拯救自我

我认为疾病和勇气也有很大的关联。能否治愈现在的疾病,也取决于自己的勇气。

为了治愈疾病,最需要关注的是"能否改变之前引起疾病的状态"。不过很多人都无法改变。可能是不愿意承认"自己之前的状态是错误的",或者是认为"就算改变之前的状态也不会有所改善",为不愿改变找借口。

但是,"生命"归根结底既是变化,又是新陈代谢。例如自然风景中,正因为河流总是流动才显得美好,如果河流不流动就会浑浊、淤积。人类的身心也是同样的。我认为改变外界和接受改变的勇气，最终都将拯救自我的生命。

接受改变需要勇气，外界时刻都在发生改变，随着外界的改变调整思考和行动，这才是应有的态度。

重新审视问题的前提

假设现在你处于不健康、不自然、不健全的状态，那么其原因是能量过剩还是能量不足？面对问题时，像这样的自我询问是非常重要的。

是因为能量不足才营养失调了吗？是因为能量过剩才生病了吗？当我们久病不愈的时候，我们常常无法找到真正的原因。

"困扰我们的问题，是源自过剩还是源自不足？"对于这个问题，我想大多数人的原因都是能量过剩。人际关系过剩和信息过剩等都体现在周围物品的堆积中。过剩本来就已经是严重的问题，如果再多买几个箱子来收纳物品，那真的能够解决问题吗？为什么不试着做做"减法"呢？

不仅是整理物品，解决问题的时候，把握其前提也是很重要的。我认为抑郁也可以分成两种状态。

一种是原本有足够的能量，但是无法充分发散，最后形成抑郁。另一种是原本能量就不够，才形成抑郁。也就是说，抑郁本身可以分为阳性抑郁和阴性抑郁。

如果抑郁可以分成阴阳两种，那么其形成的原因和性质也是截然不同的，其应对方法自然也是不同的。如果将两者混为一谈，吃再多的药物都是于事无补的。

此外，没有精神的人总是认为自己"能量不足，所以要多吃"，胡吃海塞各种食物，我认为这种时候更应该反省一下是否自己的体内堆积了过多没有彻底发散的能量。

勇气也是"气"，是能量的一种。冲瑜伽认为，"排泄能力是生命力,也是呼吸能力"。哪怕只是吸了一口气,也要全部呼出。通过反复有意识地呼气,就能逐渐掌握能量的发散,呼吸也更顺畅。归根结底,不将自己体内的能量全部发散出去的话,外界的新能量是无法进入体内的。

此外,如果只是发散而不接纳的话,身体就没有"流动性"。为了维持"流动性"的顺畅,我认为应该同时注重流动性的入口和出口。

出口处是过剩还是不足?入口处是过剩还是不足?出口和入口间的流动性是否保持平衡?观察这些细节才是解决问题的根本。改善流动性,保持平衡,观察出口和入口,这些都是生命机制中需要审视的要点。我将通过冲瑜伽掌握的生命机制运用到各种问题中,成功解决了各种问题。我将这些要点转化为"断舍离"的方法运用到生活中去而得到了思维的启发,反过来说,如果我不知道这个机制,或者我无视它的话,我的人生可能就已经是另一番光景了。

将自己体内的能量发散出去,将自己的想法表达出来,这都是生命力的体现。只需要再多一份勇气,将堆积在体内的能量一点一点发散出去,我们就能迅速地从疾病、人际关系和烦恼中找到解决之道。

第四章

从体验中
汲取知识

"从体验中汲取知识"是指从"本来应该有所感应却毫无感应"或者"明知道不对,却无法放弃"的状态中解脱出来,不再重蹈覆辙。"明知道不对,却无法放弃"的状态是指养成了某种癖好。癖好要是根深蒂固地支配了某个人的潜意识,那想要改正就极其困难了。

为了改正潜意识层面中的癖好,需要接受相应的变化和刺激。通过冲瑜伽的课程和训练法,我明白了"从体验中汲取知识"的重要性,本章将介绍我们在人生中运用这一道理的经验之谈。

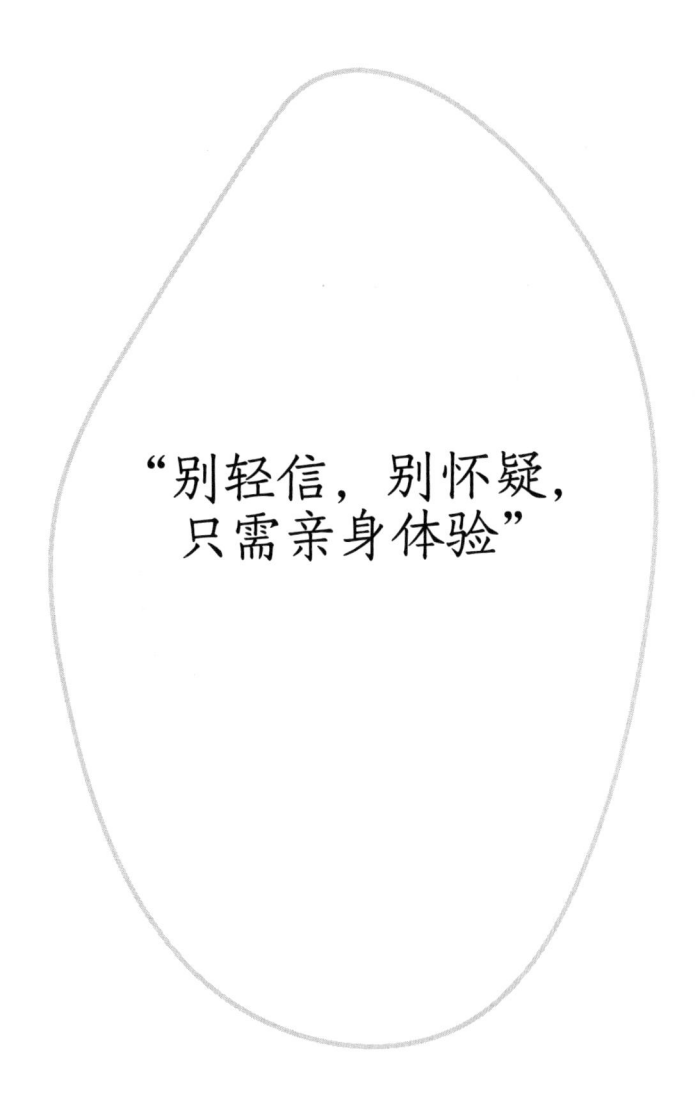

"别轻信，别怀疑，
只需亲身体验"

龙村修

为了弄明白问题
而积累的体验

冲瑜伽中有修行和哲学两个原则。修行的原则是"别勉强，别浪费，坚持下去"，而哲学的原则是"别轻信，别怀疑，只需亲身体验"。

对于别人说的话，不认真调查就囫囵吞枣是很不可取的。当然一味怀疑也有问题。通过自己体验获得领悟才是根本，不过人生中有的事情是无论如何也无法亲身体验的，对于这些无法体验的部分，可以通过艺术和文学来模拟体验。如果重视并不断累积体验，用不了多久，自己也能胸有成竹地告诉他人自己的体验，一个人的言行会更加体现其自我。

冲老师一直很重视实践精神。他总是说："能够自信地进行实践非常重要。"

老师常常提到"直参"这个词。这本来是日本江户时代的词语，是指直接辅佐将军者的身份，但是老师给这个词赋予了新的含义。

例如，老师常常说："直参释尊。"这并非指阅读释尊的相关文献进行想象，而是通过自身反复积累体验，在某一个时刻终于茅塞顿开："原来释尊是想表达这个含义"或者是"这个含义原来应该这样理解"！这个时刻的茅塞顿开就体现为"直参"。

我想这是密教者才能体会的感觉和世界观。密教将"领悟"，也就是通过体验来实现"心境明了"作为其终极目标，并用以拓展和深化其世界观。凡事如果不自己体验一番，是不会明白其中真正的含义的。如果依靠文献上的记载难以参透，那不如将这些文献在自己脑中先消化理解一番。也就是说，为了在自己的脑中重新理解释尊说过的话，需要对自我进行训练。

一般来说，按照"据文献记载，释尊曾经这样说过"，或者"学术界是这样认为的"的方式说明后，演讲者就会结束演讲，但冲老师绝对不会选择这样的说明方式。冲老师从来不会因为对方是某方面的权威而随意采纳其意见。

说起权威，人们往往认为权威就是董事长或者学者的看法，或者是当权者和有钱人的看法，但是冲瑜伽的根基是"生命即神"，权威就是生命本身。倾听生命的声音，遵循生命的流向，这些实践都是冲瑜伽修行的一部分。

印度的权威哲学家纳德玛尔·塔琪雅博士曾说过，印度的精神哲学中，"真实即神"的立场处于最高层面，释尊和耆那（摩诃毗罗，耆那教的教祖）都是站在这一立场上思考问题的。冲老师曾向我解说道："释迦牟尼和耆那都是通过瑜伽开悟的，并在自我中触碰到神的存在。但当时的婆罗门教（后称印度教）则是从自我以外的立场来感受神的存在的。"

印度教的某个教派的寺院中，至今仍有向神明祭献活物的仪式。据说寺庙中供奉的神明很喜欢山羊，所以就祭杀山羊。我也去过那所寺院，空气中弥漫着腥味，有种诡异的氛围。不单是山羊，印度还有很多自古以来就祭献鸟类和其他动物的寺院。在释尊和耆那看来，这样的行为必定是很荒谬的，因为他们极其重视"生命"及其"法则"。

婆罗门教中还有只传承给拥有祭司血统者的秘密仪式，通过举行这样的仪式，婆罗门教的权威得以传承，但是释尊和耆那对这件事持"否定"态度。他们认为这样的宗教很荒谬，因为凡是重要的仪式以及万物的真理，都应该向所有人公开展示。冲老师曾说过："倡导生命的重要性、尊重事实的释尊和耆那才是我的宗教导师。"

释尊有句名言："人们不是因为出身而成为卑贱的人，不是因为出身而成为婆罗门，而是因为自己的言行而成为卑贱的人，因为自己的言行而成为婆罗门。"这句话可以说彻底否定了当时婆罗门通过血统构建起来的绝对权威。

将所学运用到生活中

我们现在的生活环境，虽然因为科技而愈加便利，但是反过来说，这样的环境也可能使我们更难以倾听生命之声。越是便利的生活环境，人们对生命之声的反应越是麻木。例如在寒冷的冬天，如果一个人的身体仔细倾听生命之声，那么他为了取暖自然就会运动、奔跑，但是如果一进屋就立刻打开暖气取暖，那么生命和身体就不会做出相应的反应。与其说便利的生活是问题所在，倒不如说便利的生活削弱了生命和身体的感官。人们麻木地活着，这才是最大的问题。让生命之声和身体感觉麻木是一种非常危险的状态。

冲老师虽然没有让学员"完全回归自然",但是常常教导学员:"人的生活要亲近自然。"人类和动物不同,当今的人类不可能完全像动物那样在自然界中生存。他说,在尊重现代文明的前提下,遵循自然法则,并且以人为本进行实践,这样的临机应变尤为重要。

瑜伽通过联系身心、生命之声与意识的训练来锻炼自我的生存能力。

印度瑜伽的修行分为如下八个阶段:Yama(禁戒),Niyama(劝诫),Asana(动禅),Puranayama(调气),Puratyahara(制感),Dharana(凝念),Dhyana(静虑),Samadhi(三昧)。Samadhi 是指适应社会生活,但是冲老师认为这八个阶段还不足够,他在这八个阶段之上,又加了两个阶段。

这两个阶段是 Buddi(佛启)和 Purasado(法悦)。最终阶段的 Purasado 是指"愉快地生活"。并非单纯地适应社会,而是在佛性得到启发的状态下适应社会,进而达到愉快生活的理想境界。冲老师提倡将神的喜悦、自我的喜悦和社会的喜悦融为一体。

但是提到"适应社会",单纯被动地适应社会和提高自己身心主动适应社会,其效果是完全不同的,因为后者是一个逐步提升的过程。

冲瑜伽的理论还反复提到:不管学到了多么高深的知识,如果不能在生活中灵活运用,那就只是一纸空谈。知识和生活中的实践密不可分,只有在生活中灵活运用,所学才有意义。

山下英子

为什么体验之后却一无所获的人日益增多

从自己的体验中汲取知识，这需要从幼年时期就加以训练，但有的父母剥夺了孩子的体验。"实在不忍心让孩子吃苦"，或者是"不希望孩子接触危险事物"，父母出于这些考虑阻止孩子的体验。如果不通过实际体验培养孩子对危险的认知能力，长大后可能后患无穷。

即便是成年人，如果心智还停留在幼儿阶段，同样可能轻信他人的话语，不假思索就参与危险的活动，或者是加入违法的社会团体。

归根结底，正是因为父母剥夺了他们的体验，这样的人才不断增多，"体验之后却一无所获"，这样的烦恼也随之而来。

我认为剥夺孩子的体验，终究还是源于父母的自我意识。有的母亲总是说"因为担心，怕他出事"，在孩子摔倒之前就立刻伸手扶住他。但是"我很担心你"这句话的潜台词其实是"你要是一个人的话，就什么也干不了"或者是"我不信任你"。

在第二章的末尾我曾经提到，"我是为了你好"这句话的潜台词是"我是为了我自己"。就连我自己也不例外，有时候当我嘴上说为别人着想的时候，心里却明白我其实只是为自己着想而已。我多次意识到并反省这件事。

感情不分"好"与"坏"

最近常常听到和抑郁症有关的报道。第三章也稍微谈了一些和抑郁症相关的话题，我认为抑郁状态主要分为两种情况：一种是能量不足而抑郁，另一种是原本应该发散的能量（例如怒气）没能彻底发散而导致的抑郁。

许多抑郁症患者认为"自己是个废物"，或者老是自责"我总是给周围的人添麻烦，我想死"，这样的倾向非常强烈。人们虽然会用理性来抑制这样的情绪，但是"**即便用理性抑制，也无法从根本上解决问题**"。

冲瑜伽认为理性等同于感情，提倡利用佛性来保持理性和感情的平衡状态。可能这样的观点对能量过剩而导致抑郁的人来说正是一剂良方。

实际上通过培养佛性力来控制理性和感情，就会愈加接近瑜伽"无拘无束"的境界。对曾经感到困惑、悲伤和愤怒的事情也能泰然处之，对己对人对事都能"百无禁忌，随心所欲"。不过"百无禁忌，随心所欲"这样的想法必须是以"不损害生命"为前提。损害自己和他人的生命，则是对神的不敬和亵渎。

"因为自己不想被杀，所以也不想去杀人，正所谓己所不欲，勿施于人"，我想这是很普世的观点。可能有极个别的人认为自己被杀了也没关系，或者希望被杀掉。假如真的有刀架到脖子上了，这些人还会这么想吗？答案是显而易见的。

亵渎生命之神还不以为意的人，可能欠缺一种通过体验来磨炼自己的态度。甚至有的人嫌实际体验太麻烦。在现实生活中是个标准的宅男，在虚拟的游戏世界中却拼命提升经验值，享受杀人（游戏中的角色）这种残忍的行为，这种人大有人在。可以说对于伤人和杀人的行为没有抵触感的人是非常危险的。

从体验中一无所获，重复同样的错误，这种时候需要用自己的意志来进行控制。控制的对象是自己的"感情"，它由喜、怒、哀、乐四个部分构成。

有人认为"喜、乐是积极的感情，哀、怒是消极的感情"，但是给感情贴上好坏的标签相当不自然。消极也好，积极也好，感情都是相对的。因为一些事情产生某种感情，那么如何应对这些感情才是最重要的。

例如，当你愤怒的时候，不要彻底陷入怒火，也不要老想着"戒骄戒躁"，而应该意识到"现在感受到愤怒的自我"，进行冥想。意识到自己的体内有怒火，并思考如何让它发挥积极的效果，这才是瑜伽的思维方式。

"分清'疲劳'和
'疲劳感'的不同"

龙村修

疲劳的种类

关于"营养摄取",冲瑜伽要求所有学员做到以下誓言:

"营养摄取自有益健康的食物,拒绝有害健康的食物,彻底排出体内的废物。今后我会遵循自己的内在认知,摄取适合自己的食物,努力排出体内的废物。"对自己的身体有益还是有害,自己的身体最清楚。所以正确饮食应该遵循生命之声,摄取适量和优质的食物。

一提到"遵循生命之声的饮食方法",我立刻就联想到这样的场景:小孩早上起床后,告诉母亲"才刚起床,我还不饿"，母亲就会强制孩子进食，"快趁热吃！"或者是"赶紧吃，吃了我好收拾"之类。这种时候，小孩遵循了自己的生命之声，他的母亲却觉得孩子在无理取闹。

从社会的角度来讲，例如日本的学校和公司中午的休息时间都是设定在中午12点到下午1点之间，因为工作繁忙，这样设定也是无可奈何的。不过这样的社会性制约可能并未遵循生命之声。因此在维持自己和社会性制约之间的良好关系的同时，尽可能满足自己的生命欲求，这样的态度才是可取的。为了让自己的生命充满朝气，应该有意识地平衡社会性制约和自己的生命之声间的关系。

冲瑜伽道场有位来自自卫队的学员，最初这个人因为"道场提供的饭量只有自己平时饭量的五分之一"而感到不满。但是习惯了道场的饮食分量之后，他的生活完全没有受到影响，身体状态似乎也越来越好了。

一般人都认为"人是铁，饭是钢"，其实不然。**七分饱最健康。**

在道场里,即便是在断食的过程中,学员也会坚持慢跑。第一天,大家都觉得"没力气,根本跑不动",但是过了两三天,即便饿着肚子也能轻盈地跑起来。许多人感觉"在空腹的状态下跑步反而心情更加舒畅"。

只有亲身体验过少食的生活才能真正意识到自己平时饮食过量,以及过量饮食可能导致疾病的危险性。吃得太多的话,体内所产生的能量大多直接作用于胃部,促进食物的消化、吸收和排泄去了,大脑供氧不足,所以有时候吃得太多反而觉得疲劳。

实际上很多人把"疲劳"和"疲劳感"混为一谈,其实两者不同。**身体使用不当产生的并非"疲劳",而是"疲劳感"**。精疲力竭,真正感到"疲劳"的时候,人一躺下就能呼呼大睡,但如果只有"疲劳感",则会难以入睡,或者睡眠较浅。

老师常常要求学员:"认真区分疲劳和疲劳感的不同。"究竟只是一部分神经感觉疲劳,还是因为一动不动而感到疲劳（失衡疲劳），或者是竭尽全力运动后感到舒畅的疲劳？凭自己的感觉来区分疲劳，这才是消除疲劳的关键。对于通过全身运动累得筋疲力尽的人，只需躺下睡一觉就好。但是对于"失衡疲劳"的人，我会建议对方做做全身运动，特别是活动活动平时不太用得到的肢体部分。可能有人会问："都这么疲劳了，哪里还有力气做运动？"其实越是感觉"失衡疲劳"，越是需要通过全身运动来保持"身心平衡"。

单靠营养分析
无法衡量的"营养"

关于食物，冲老师常说："现在的营养学算不上名副其实的营养学，说是营养分析更恰当。"即使深入分析维生素和蛋白质的数值，饮食方法和营养的吸收程度也是因人而异的。此外就算是同样的食物，烹饪和搭配方法不同，消化吸收的程度也不同。冲老师认为把食物粗暴地整齐划一就是所谓现代营养学的弊端。

围绕营养的摄取这一主题，食物的选择固然非常重要，但是烹饪、咀嚼、消化、吸收、中和、排泄等过程也是有关联的，进食者的身体状态也是重要的因素。

肚子饿的时候进食，或者根本不饿却要勉强进食，两者消化吸收的速度是完全不同的。例如在夏天吃番茄和在冬天吃番茄的效果不同，每天吃番茄和隔了很久才吃一次效果也有差异。营养摄取的各种条件都是相关联的，必须综合考虑才能抓住营养的本质问题。

只是将盘中餐当作营养——这是一种片面的观点。冲老师说过，不仅限于食物和饮料，进入我们视觉和听觉的信息也是营养的一部分，应该仔细思考如何利用这些营养。

以前还没有像现在这样可以分析营养的仪器，人们通过反复实践积累经验，将经验传给后人。"这样的饮食搭配会破坏肠胃""吃饭的时候要摄取各种颜色的食物""山货和海味都应该摆上餐桌",或者是"多喝汤,多吃蔬菜"。遵循这样的教诲,几十年前日本人的饮食结构还是很均衡的。并且人们认为坐姿不端也会影响营养的吸收,所以日本家庭都训诫子女:"端坐饮食。"

自古传承而来的深奥智慧在现代社会似乎正在逐渐流失。我想不单是营养分析学,日本的各种古老智慧都面临同样的危机。

对食物的偏见

我非常同意冲老师的一句话:"**食物是没有善恶的。**"有人认为:"如果吃肉的话,性格会变得暴躁;如果吃蔬菜的话,就能心平气和。"但是这样的观点对生活在北极圈、捕食野兽为生的人们来说根本行不通。

前一段时间在电视节目中看到阿拉斯加原住民生吃海豹的场景。因为吃的是生肉，他们的嘴角沾满了污渍，但是他们看起来很愉快，微笑着面对摄像机说："这是最棒的美味！这是我们的盛宴！"

在高级餐厅用刀叉将肉类细致切开后优雅进食的现代人看见的话，一定会觉得他们的进食方式非常野蛮，但其实对他们来说，这样的方式和野蛮无关。这些人的主食从古至今都是这样的生肉，即便在现代化的生活方式普及的过程中，他们的主食也没有改变。

我通过瑜伽的学习，渐渐地摆脱了对于饮食的偏见。

山下英子

最合适的食量要询问你的身体

冲老师所传授的知识和训练方法对当时的我来说，几乎都在我的常识范围以外，时常让我惊讶不已。

作为彻底颠覆常识和概念的例子，我想谈谈食物。在我成长的环境中，长辈总是让我"多吃"，但是刚进入冲瑜伽道场修行我就被告知："不用吃那么多，迄今为止你一直处于过食状态。"这句话让我十分愕然。

随后我不断被要求："少吃，再少吃！"食量减少后，体重越来越轻，我觉得身体变得轻盈舒适。这时候我才明白以前自己确实吃得太多。还体会到之所以以前没精神，就是因为肠胃消化极度疲劳。

不管吃多少有营养的食物,都没有精神,并且无法消除疲劳,这是现代人的烦恼。不吃饭就没精神?并非如此。倒不如说吃太多导致没精神!明白了这一点的我,简直就像哥伦布发现了新大陆。此外我还发现家里的燃气费也减少了,减少食量确实有不少好处。

还有一点:**最合适的食量完全因人而异。**

就算是同样年龄、同样性别的人,有的人出生的时候身体结实,就像大卡车,有的人却比较轻巧,就像小型汽车。我后来才意识到:我生下来就属于小型汽车的轻巧体形,小型汽车需要少量汽油,驾驶时的动力也普普通通,所以我应该少食和适量运动。之前我看到的观点都是"某个年龄段的女性每天应该摄取多少多少卡路里",而完全没有考虑个体差异,这两种观点的差距也让我惊讶不已。

"越吃越累"
是一种残留能量

在道场，有件事让我印象深刻，冲老师责问学员："你们是按照时间来进食的吧?!"老师告诉大家，到了中午 12 点就吃午饭，这样的进食方法没有遵循生命的本意，只是按照时间条件反射般地进食罢了。

因为老师的这句教诲，现在的我完全没有"按时吃饭"。我觉得一天三顿饭过多，平时一天吃一顿就够了。因为工作或者应酬而一天吃三顿饭的时候，我就觉得动作和思维会变得比较迟钝。甚至吃完早饭后就想躺下来休息，这就是"越吃越累"。

关于越吃越累，冲老师提到过残留能量的概念。

"进食后感觉疲劳是因为体内能量没能彻底发散，淤积在体内。""坐电车去长途旅行的时候，长时间一动不动也会感到疲劳。"累了就想休息，其实这样的反应是错误的。一动不动还感到疲劳是因为没有将应该发散的疲劳发散出去，残留能量在体内堆积。

充分发散能量后感到疲劳，以及由于能量没能彻底发散而感到疲劳，两者是完全不同的。我个人认为，无法充分发散能量而疲劳的时候，人就会产生"倦怠感"。

"你们的头脑已死!"

龙村修

没有感激之情
是因为心死了

晚年的时候，冲老师尤为重视"活性思维"。老师常常对道场的学员怒吼："你们的头脑已死！"老师这句话到底是什么意思，最初我百思不得其解。

老师说的"活性思维"，似乎是指充满创意，或者是指充满感恩的心。老师如果有了新的想法，常常会立刻付诸实践，有的时候还会毫无预兆地变更命令。如果在公司里，部下对上司的突然变更可能会感到愤怒，但是我们和老师不是上下级的关系，我们在精神上信赖老师才待在道场修行。现在回想起来，正因为如此，才能坦然地接受老师突然变更命令。

例如因为自然灾害而停水，这时候才会意识到能够自由用水的日子真是太珍贵了。借用老师的话来说，就是人们终于意识到自己的头脑和心"已死"，忘记了感恩。虽然平时我们对太阳习以为常，但是偶尔也会从心中涌起感激之情：多亏了阳光，我们才能存活在世界上。老师常说："没有感恩之心的人，是因为心已经死了。"**无视应该感恩的对象，无视应该感应的对象，这些都是麻痹。心一旦麻痹，就和死去没有分别。**

冲瑜伽提出了"劳动、谢动、喜动"的观点。像牛儿等家畜辛勤耕地一样的工作状态确实也是劳动，却不是人类的工作方式。生而为人，就应该喜悦地劳动（喜动），以感恩的心情劳动（谢动），冲老师说过这才是应有的工作方式。

在冲瑜伽道场，正因为我坚信老师的哲学和教诲，所以才能在老师身边坚持修行十三年。也有人认为"瑜伽就是从早到晚一直运动身体",我想仅仅这样理解瑜伽一定难以坚持。在冲瑜伽道场,比起修行的辛苦,更重要的是巨大的喜悦、感恩和领悟。如果只是单纯的运动而没有领悟的话,那也未免太无聊了。

要喜悦地工作,金钱也必不可少,理应获得与工作相应的报酬。如果只是按照常识来看,人们总是希望少劳多得,或者说被一分钱一分付出的思维所束缚。这样的思维对于自我深处的喜悦,对于从工作中寻找灵魂的喜悦是一种阻碍。所以我才劝诫人们,工作是工作,报酬是报酬,两者应该适当分离。如果以一种被迫从事厌恶的工作的心情来工作的话,心想"我为什么要为这样的上司工作,而且工资这么低",那倒不如换个角度思考:"能给我这个工作机会真是太好了!"这样的心情会让人不但充满干劲,还能保持身心的良好状态。

我由衷地希望所有的人都能选择让生命喜悦的工作方

式，因为我们的生命总是对各种事物和新的挑战感到喜悦。有人沮丧地认为"要转移到新的部门？太糟糕了！我岂不是又要从零做起"，这就相当于冲瑜伽中的"头脑已死"。相反，如果被告知要调动去新的部门，反而很高兴地接受事实："啊，是吗？我可以在新的场所磨炼自己新的能力了！"这样想的人才会愈加强大。

因此，保持"活性思维"是至关重要的。**喜爱变化的同时，也能接纳安定。**通过接纳变化、平衡、安定等一系列流动性，我想每个人都能找到让自我喜悦的生活方式。

"让每个人的
心中充满平静"

山下英子

"扔掉它，感觉很困扰"，这句话就是借口

我在提倡"断舍离"观点的同时，最常被人问到的问题是："扔掉这个东西，会感到很困扰吧？"扔掉这个物品会感觉困扰，或者是万一以后要用，到时候怎么办才好？人们总是咨询这一类的问题。

此外，咨询他人"扔掉这个物品会感到困扰"的时候，这个人实际上还没有扔掉物品。在采取实际行动之前询问他人意见，这样的人比比皆是。但这也意味着这个人之所以提问，是因为他没有意识到在实际体验之前自己就已经

设想了将来困扰时的场景。

别人对我说"扔掉这个物品会感到困扰"的时候,我会这样反问:"如果你设想扔掉这个东西会让你感到很困扰,那你同样可以设想一下,困扰是指不幸的事情吗?悲剧?甚至是威胁生命的事情?"于是几乎所有的人都会回答:"都不是。"

从旁人的眼光来看,什么东西都舍不得扔掉,房间乱糟糟,置身混乱的环境中,这样的现实状态才是货真价实的不幸和悲剧,甚至是威胁生命的。明知如此,在采取改变环境的具体措施前却要询问他人扔了之后会不会感到困扰,这实在是无稽之谈。

当我告诉对方"要是你知道扔掉它既非不幸,也不是悲剧,更不会威胁生命的话,那就不如扔掉吧""请先自己体验一次",于是愿意扔的人就扔掉物品,不愿意的人则仍然选择保留。事实上,许多下定决心断舍离的人都会告诉我:"啊,扔掉后真是心情舒畅!"

我有时候也会反问对方："你咨询我扔掉后会不会感觉困扰，你为什么要问我这个问题呢？"为什么你自己的东西，要来询问我？这又不是我的所有物，我没有义务回答。

不论多么了解"断舍离"的理论，如果不在自己的生活中进行实践，那就没有任何效果。**如果不亲自尝试，那么不论多么出色的理论都是空谈。**

在我进行"断舍离"心理咨询的过程中，碰到不少人都被自己以往的价值观所束缚，一旦超出价值观的范围，他们就会停止思考。并且他们总是反复强调"扔掉物品太浪费了""因为害怕扔了后会后悔，所以不想扔"。我反问："那到底是怎样浪费，又浪费了什么？"几乎所有的人都会回答还没有想过这一点。

有人会说"因为是重要的人给我的，所以舍不得扔"，但是他没有进一步思考"为什么重要的人给的就不能扔"这一层面。因此，就算房间里面的杂物堆积得叫人难以移动步伐，人们也还是固执地"舍不得扔"，他们拒绝看清现状。

擅长收纳的老师可能会说："不知道什么时候会用的东西，应该果断丢弃。"但是做出选择决断是私人的领域，我是绝对不会干涉的。几乎所有关于收纳的手册和指南书籍都涉及私人决断的领域，但我认为"尊重他人选择决断的领域"就等于"尊重他人的生命"，不应干涉。

"自己进行决断"其实是件耗费精力的事，但是即便如此我也不会出手帮忙，我的原则就是不剥夺他人进行选择决断的体验。因为能够倾听生命之声的人，只有他本人。

无法摆脱烦恼的时候

我的咨询者中，有人因为妻子和他人维持恋爱关系而烦恼。退休后希望和妻子和睦地度过晚年，却发现妻子出轨的事实而大受打击，于是他前来咨询。这个人坦陈了无法原谅妻子的心情，但是不知道接下来该怎么办才好，长时间感到烦恼。

我给他这样的建议："你的伴侣喜欢上了别人，这是一个残酷的事实，但是对于这个事实，你是不是从来都没有思考过自己是如何应对的？"我采用了非常委婉的措辞。

对这位咨询者来说，妻子的行为是绝对不被社会容忍的丑事，在我看来，他自己也一直站在"被害者"的立场上。进一步来说，这个人被"社会规范"所束缚，他难以跳脱出被害者这一身份。因此，如果想要真正解决问题，何不尝试从别的角度来考虑一下呢。

当然，我也很体谅这个苦恼的人。妻子做出违反社会规范的事，他很难过，"对方已经不爱我了"，这也是个很残酷的事实。

但是相应地,这个人是不是真的爱他的妻子呢?我问他的时候,他说从来没有思考过这样的问题。

接受妻子的言行后,还爱妻子吗?妻子回到自己的身边,还有接纳妻子的觉悟吗?答案只有他本人知道。归根结底,问题的根本在于对自己的反思。如果无视这一点,总是陷入被害者意识的话,问题就永远也得不到解决。虽然是别人的私事,但是对这样的痛苦我能感同身受。

抛弃"被害者意识"

我认为人们的烦恼几乎都和被害者意识有关。只要将自己定位为被害者,客观上就会处于强势的一方。被害者也总是被周围的人同情。

冲老师希望"每个人的心中都能保持平静",但我认为只要心里存在被害者意识，那就永远体会不到平静。

如果意识到自己的被害者意识，那么可以尝试向自己提问。询问自己：在彻底处于被害者意识的状态时，自己的心中到底是平静还是痛苦？如果感到痛苦，那接下来该怎么办才能找回内心的平静？

例如，对之前的那位咨询者来说，心中的平静是指妻子回到自己身边，还是妻子再次爱上自己，还是自己依然爱着妻子？通过反复自问自答，就能找到自己真正追寻的方向。

人们往往有一种"此事一定会一帆风顺"的期待。一旦事与愿违，就会动怒或者沮丧，但是归根结底，期待只是一种执念。如果能够抛弃这样的执念，心中的阴云就会消散。抛弃执念，就能更好地改变现实，主动参与和推进事物的发展。

倘若身边发生了某事，自己该如何参与其中，这才是

应该关注的要点。我认为被动参与也好,主动参与也好,只要有一份接受任何后果的觉悟,心中就能保持平静,并长久坚持下去。

第五章

充分发挥自我

瑜伽往往被认为是养生法和美容法，但其终极目的并非健康和美容。瑜伽的目的在于：平时也好，紧急关头也好，都能够最大限度发挥出自我的能力。此外，心怀喜悦地生活，调整身心，磨砺自己也是瑜伽的目的。

发挥自己的能力，喜悦地度过每一天，这个状态可以说真正体现了"活出自我"。为了活出自我，这一章将介绍将瑜伽的智慧实践于生活的具体方法。

"调身、调心、调息"

龙村修

调整身心状态的
重要原则

　　为了调整身心，我一直很重视"三密"原则，那就是"调身、调心、调息"。它是指维持身体、心灵和呼吸三者的协调关系，是为了达成目标而应有的最佳状态。在东洋的身体文化中，人们认为维持三者的最佳状态是得"道"的重要前提。

　　"调身、调心、调息"是佛教用语，从能量的观点来看，就相当于"统一身体，统一心灵，调整呼吸"。冲瑜伽中也有"自然身、自然心、自然意"这样相应的表达方式。虽然表达各不相同，但是内容一致，体现了维持心灵、身体和呼吸平衡的重要性。

人们常认为"三密就是坐禅时的意识"，也就是说"三密"只在坐禅的时间内才能进行，这其实是一种误解。因为"三密"要运用于生活才有意义，如果只是坐禅或者练习瑜伽，即便调整好呼吸，也是无法掌握"三密"的。

此外，"三密"和日常举止、心灵状态、生活方式都有关联，我认为它可以应用于各种场合。可以说不仅是"三密"，不论多么出色的原理原则都需要应用于生活才有意义。不在生活中实践，就无法真正"领悟"。

现代医学的极限，瑜伽的可能性

我们人类的身体，可以理解为可见的"身体"部分和不可见的"心灵"部分，以及创造出身心能量的"呼吸"部分。以呼吸为出发点，会更容易观察身心状态。

如果机械地认为"身体有问题就去医院，心理有问题就去找心理医生"，那原本是一体的、应该综合考虑的问题就被割裂开来，抓不准问题的本质。医院和心理医生都必不可少，但是如果把心理问题局限于心理的范围，显然是片面的。

瑜伽以呼吸为中心，通过观察身心，协调全身的状态。

最近在城市中观察路过的行人，会发现有的人肩膀倾斜，有的人有双下巴，有的人嘴合不拢。可以说这些人的头部和身体其实是"分离"的。也就是说，全身的能量在脖子附近被隔断，找不到出口的头部能量不断淤积，看起来头部和身体毫无关联，整个人昏昏沉沉。恐怕他们脑中所想的都没有体现在身体的行动上，并且头部和身体的分离很容易造成不稳定的情绪。

如果是严重的精神疾病，需要医生的治疗。如果是轻度的精神疾病，只要有机会，我都会建议对方：不仅是心灵，还要综合考虑呼吸和身体状态来进行自我调节。

即便解剖也无法获知心灵的作用

冲瑜伽将协调统一全身的力量称为"**丹田力**"，这是审视身体状态时的基础。

最近有一种只着眼于耻骨尾骨肌和髂腰肌等特定肌肉，并且把所有身体和心理问题归咎于这一部分的潮流。"锻炼耻骨尾骨肌就能保持年轻和健康"这句宣传语看起来很科学，人们可能认为这是基于确凿依据的正确观点。但事实上，通过锻炼耻骨尾骨肌并不能协调全身的状态（力量集中于丹田）。

丹田不是身体的脏器或某个部位，即便解剖身体也找不到这个部分。丹田力是一种肉眼不可见的力量，是维持身体机能和平衡的力量。**就算它是无形的，只要把力量集中于身体，就可以感知其存在**，对人的精神会有积极影响，肉体也能获得平静。古人发现了这一点，于是将它命名为"丹田"。

此外，在精神世界常提到的"查克拉"，有人说它就是胸腺、甲状腺和脑下垂体的生理作用，这样的说明也是片面的。如果对查克拉细致分析的话，其含义应该是：人类将意识集中于某个部位，遵循喷涌而出的精神力量来定义身体的各个部位。

例如，当人们觉得"心痛"的时候，会自然地将手捂在胸口，没人将手捂在额头或者脖子上。这就是精神上心灵作用集中于心脏一带的证据。

不论多么细致地解剖心脏，都无法获知心灵的作用。这意味着需要引入解剖学无法阐释的能量体的观点，或者是灵魂的观点。

"身体"原本包含肉眼不可见的力量、机能和平衡，如果限定于肌肉等特定部位来生硬地解释问题，就会引起误解。此外，这样的倾向越强，就越是难以把握身体的协调性和平衡的重要性。

山下英子

只要方法对，
一切都可以是瑜伽

龙村老师在平时就非常重视"调身、调心、调息"。这是提倡身心和呼吸平衡的理论，意识到丹田所在，并实践"调身、调心、调息"，那么不论什么动作都可以成为瑜伽，连广播体操也算瑜伽。

我曾经想如果把广播体操练出瑜伽的味道会是什么效果，并进行了尝试。不是跟着音乐有节奏地运动，而是尝试配合自己呼吸的节奏进行舒缓的运动。

有意识地以丹田来运动身体，彻底呼气的同时完成一个个动作，会感觉力量集中在身体的某个部位，同时不断探索身体的重心，最终发现这根本就不是五分钟便结束的广播体操。多亏了这次体验，让我再次深切体会到只要方法对，一切都可以是瑜伽。

虽然也走了不少弯路，但是我能够坚持练习瑜伽，都是因为我将瑜伽视为一种思想哲学。对于"这是有益健康的瑜伽姿势"之类的话我不太有兴趣，因为我瑜伽功底本来就不好，我甚至连倒立这个姿势都无法标准完成。

但是我认为出色完成某个姿势并非瑜伽，**在理解姿势和思想哲学的基础上，将它们运用到日常生活中去才是瑜伽。**例如，冲老师曾说过："吸气的时候静止，呼气的时候舒展。"在生活中感到紧张的时候，或者是耽溺于某件事物的时候，总会觉得呼吸困难，这正是老师教诲的体现。

大多数人都不会特别关注自己的身体状况，如果意识到这一点，在头脑昏沉、呼吸不畅的时候，有意识地吸气呼气，就能让身体状况改善不少。意识到未曾意识的领域，领悟一直不明白的道理，这就是瑜伽的乐趣，也是瑜伽的妙处。

但是有的人完全不在意"调身、调心、调息"，还自创出不少瑜伽姿势，我感到很惊讶。创造出来的姿势确实也是瑜伽，但是仔细一看就会发现，只不过是身体摆出了某个形状而已。话说回来，又有多少瑜伽导师在传授"调身、调心、调息"的重要性呢？我觉得需要打个问号。

龙村老师常常提到"**身体准备，气息准备，心理准备**"。我们常说"心理准备"，心理反映的"身体准备"却很少被提及。说起"身体准备"，一般是指穿着和礼仪，但是"心理"决定的事情很少用"身体准备"来表达。例如找东西的时候，觉得可能找不到，或者心想一定能找到，两者的结果肯定是不同的。认为绝对能找到的人，更容易想起把东西放在哪里了。**明确自己的心理状态（气息准备），才能将其表现为某种形态（身体准备），这一点是极其重要的。**

时尚也是"气"的一种

提到"调整自己的身心",联系"三密"我还想谈谈"补气"这一观点。

瑜伽认为进食不单是摄取营养,也是摄入"气",即"补气"(补充自己的气息)。此外,摄取的气越是新鲜,能量就越强。

我认为服装和食物一样,也具有补气的效果。例如我们总觉得去年的衣服和今年的衣服不一样,那就是因为今年的衣服蕴含更多的能量。不单是保暖等服装原有的功能,如果把流行也纳入考虑的话,流行就是这个时代所具有的能量,那么时尚也可以算是"气"的一种。

练习瑜伽的男性友人几乎都穿着运动衫,但是周围没人敢说一句土气,毕竟着装是比较私人的话题。我总是想,如果他们能再稍微注重一点就好了。

冲瑜伽将修行分为十个阶段,我将第五阶段 Puratyahara 解释为"通过装扮来彻底完成自我"的行法。

身边不重视穿着的人常会说:"我可不想那么显眼。"我认为似乎越是"不想显眼"的人,越是被"显眼"这件事所束缚。

因此,这样的人更应该痛快地挑战时尚,愉快地"通过装扮来彻底完成自我"。冲老师也说过"部分即全体",我想如果身上发生时尚的变化,一定会衍生出更多新的变化。

"通过一切训练
来加强丹田力"

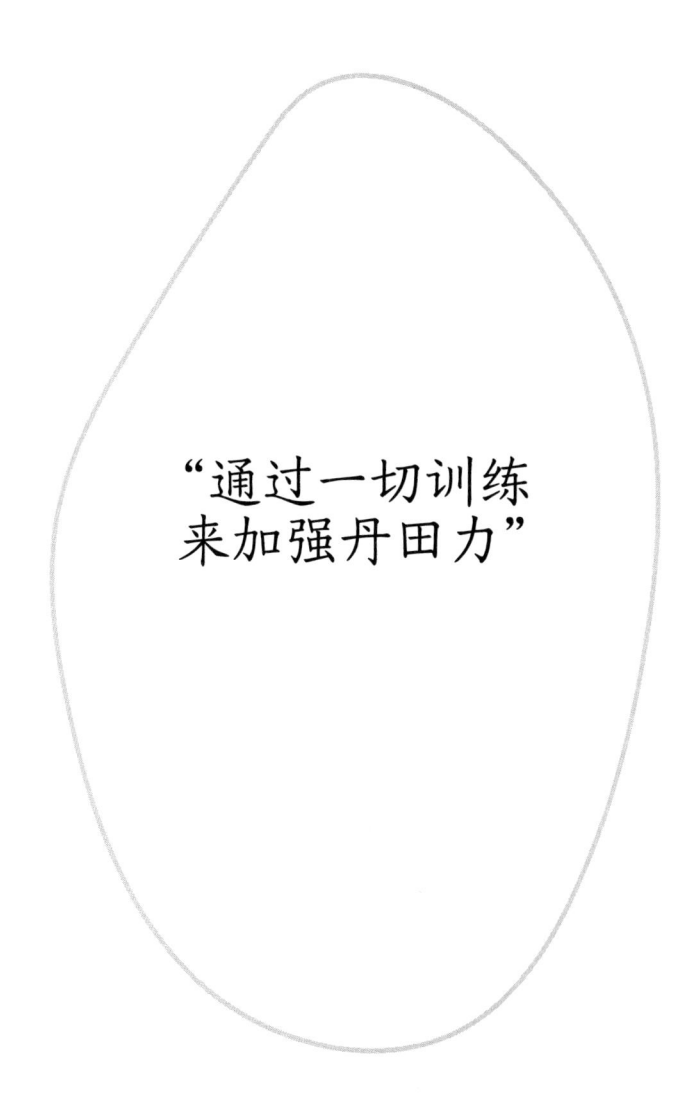

龙村修

丹田力十足的人

丹田力十足究竟是怎样的状态？我常常会举这样一个简单易懂的例子。

某个王侯听闻世间有位非常沉着稳重的男性，于是将他召唤进宫，想要试试他究竟有多沉着稳重。他命令这个人把宫里最名贵的花瓶装满水搬到他跟前来，并且暗中吩咐仆人埋伏在走廊转角处，当这名男性经过，就蹦出来吓他一跳。

于是，在走廊的转角处，仆人真的突然蹦出来，但是结果如何呢？

一般人一定会吓得两腿发软、跌倒在地，或者吓得摔碎手中的瓶子，但是这名男性悠然地把瓶子放在地上，然后才说了一句："嚯，吓了我一大跳。"

我偶尔会将这个故事的精华运用到冥想行法的指导中。在冥想的过程中，我会突然大叫一声："哇！"有的学员会惊慌失措，也有学员稍微有些吃惊，但是看起来比较平静。这其中的差异耐人寻味。

不太吃惊的人，并非没有听见我的叫声，他们只不过在瞬间就判断出来：这是龙村老师的声音，老师是故意这样叫的，不值得惊讶。他们的反应并不强烈。虽然心中稍微有一丝动摇，但是立刻就能恢复平静。相反，丹田所在的腹部不够结实的人，只要一听到叫声就会惊慌失措，在一瞬间失去定力。

丹田具有让身心
平稳的力量

将力量集中在丹田,确实能感觉到身体的平稳。但是,**丹田最大的功效是让人们的精神保持平稳**,不论何时都能有意识地保持冷静,做出正确的判断。冲老师也要求学员随时收紧臀部。

为了锻炼丹田,冲瑜伽一直推行"丹田强化法"。这是利用瑜伽姿势,将力量集中到丹田的训练法,但是并非练习了丹田强化法,丹田力就一定会增强。只要收紧臀部,练习高抬腿,某种程度上丹田力确实会有所增强,但是不将其运用到生活中,转变为自己的体验和智慧的话,就谈不上彻底掌握。

也就是说,除了丹田强化法,还需进行各种学习和训练,在最紧要的关头才能真正看见成效。我曾经请教过老师该如何锻炼丹田力,老师回答道:"这需要几次生死攸关的体验,在极端环境下,丹田力才能得到真正的锻炼。"所以说练习终究是练习,反复进行实际体验才是最重要的。

此外,在冲瑜伽道场还经常进行从高处跳下的训练,这并非普通的训练。必须像猫一样,无声、轻盈地跳下来。为此,调整呼吸至关重要。虽然是在呼气的时候跳下来,但是在什么时机调节气息,怎样才能让身体像猫一样柔韧,这些都要通过反复训练来体会和确认。

冲老师总是站在下方训诫学员:"呼吸!注意呼吸!"但是最初大家都不知道怎么调整呼吸。随后细想却会发现,这种训练的原理其实和瑜伽姿势的原理是相通的。以呼吸为中心运动身体,使呼吸与动作协调,这就是老师的教诲。

冲瑜伽所有的训练有一个共同的目的:在任何场合都能瞬间找回自己的意识,冷静地采取最佳的应对措施。在古代,这样的训练是必不可少的。有时候人们会被敌人或山贼袭击，不论何时都要采取最佳的对策和行动，否则很容易一命呜呼。当置身危险的环境中时，是发着抖对敌人唯命是从，还是找准时机逆转形势，抑或是巧妙地逃走，这些都取决于个人能力。

生活在现代的我们，少有被刺杀或者被袭击的经历，如果真的碰到这样的事，一定会被吓得浑身发抖，脑子一片空白。在紧要关头，为了能够冷静应对，不论如何都不能自己先乱了阵脚。即使被人吓了一跳，也要在瞬间找回自我，日常生活中非常需要这样的意识和训练。

通过磨炼意识、反复训练，不仅是在紧要关头，平时也能轻易发挥出自己的实力。并且不论何时何地，我们都要保持自我。

相扑的精神后盾

回顾历史，日本身体文化的价值观从未侧重于做一千次仰卧起坐，做一百次深蹲，或者是能够举起很重的杠铃。

身材娇小的人也好，身材高大的人也好，都有针对各自的敏捷性和稳定性身体训练，这就是日本的身体文化，它还非常强调对丹田的训练。为了不论何时都能做出正确的判断，发挥出自己的实力，这样的训练备受重视。

我出生在京都，幼年时参加过武德会[1]，穿着兜裆布在水渠中练习游泳。

我所属的儿童组需要练习无声的游泳方式以及侧泳，稍微年长一些的人则要背负约十公斤的大炮一样的重

---

[1] 日本武德会，以武道的振兴和教育为目标的财团法人。——译者注

物，在不弄湿重物的前提下踩水前进。从中我学会了如何不把头部埋进水中的游泳方式，以及悄无声息地在水渠中游泳的方式。现在回想起来，这真是相当有实践性的运动。

但是，如果单纯比速度的话，身体和手掌比较大的人肯定游得更快，身材娇小的人就会觉得比赛没意思。因此，比起单纯训练游泳速度，上述训练游泳的方法要理性和有趣得多。

2013年初，大鹏关（大鹏幸喜）逝世，大鹏关的遗言是关于相扑的，重读一遍，感慨万千。

他说："师父让我每天必须练习五百次高抬腿和两千次全掌推击。我每天都重复这样的练习。"现在的关取不论是全掌推击还是高抬腿，训练次数都有所下降，并且似乎还进行了不少肌肉训练，进行肌肉训练就能取代高抬腿吗？答案是否定的。使用器械健身来代替全掌推击的练习，相扑的身体能够强壮吗？答案还是否定的。对自古传承的训练方法敷衍了事，相扑的精神性就会逐渐迷失。

为什么说高抬腿和相扑的精神性相关，这是因为高抬腿能够锻炼丹田力，这对相扑来说是必不可少的。丹田力是指"不被外界力量击倒，能够保持物理的稳定状态"。维持植物性神经和激素平衡的也正是这股力量。

此外，丹田力和佛性力也有深刻的关联。

佛性力是指"对来自内外的刺激，都能维持心灵稳定的力量"。要想掌握佛性力，需要清除妨碍心灵稳定的贪欲、无知和愤怒等要素，将心灵从束缚中解脱出来，就能自然地领悟智慧。

如果是每天都认真练习高抬腿的关取，即便是在比赛中获胜，也会有一颗将对手扶起来的心，至少将对手打败后不会摆出一副唯我独尊的态度。唯我独尊的瞬间，就偏离了日式美学和精神。如果相扑保持这样的态度，那就失去了身为相扑的资格。

相扑赛场上为什么要撒盐?因为盐是用来除秽的,这是相扑将自我奉献给神明的体现。希望人们能够再次反思作为祭神仪式的相扑原有的精神性。

"学习的原则是'修破离'"

龙村修

每个人的瑜伽
各不相同

冲老师还常说："学习的原则是'修破离'。""修"是指将从老师那里学习和掌握的知识运用到实践中。"破"是指将所学的知识按照自己的方式重新组合，变成自己的所有物。按照别人的教导和约定俗成的规则进行实践，并按照自己的方式重新组合，这是学习不可或缺的过程。变成自己的所有物之后，又从这一"形式"的束缚中摆脱出来，这就是学习的终极阶段——"离"。

在瑜伽的学习中，如果只是以"形式"为中心的话，就会变成以实践和掌握瑜伽姿势及其相关要领为目标。实际上，始终掌握不了瑜伽姿势要领而放弃瑜伽的人不在少数。瑜伽有众多流派，但是几乎所有的流派都重视按照标准完成动作，抑或是尽可能地模仿老师的动作。

但是冲瑜伽认为这样的练习是没有价值的。冲瑜伽是以"修破离"中的"离"为中心来进行练习的。也就是说，脱离形式抓住本质才是冲瑜伽的目的，所以要成为冲瑜伽的教员绝非易事。

不用说，人们的生活方式是各式各样的，因此在生活中实践瑜伽的话，就能形成自己特有的瑜伽。例如以驾驶为生的人希望把驾驶变成瑜伽，在驾驶的过程中运用瑜伽，就能形成这个人特有的瑜伽。冲老师说过："每个人的瑜伽各不相同。"

一般来说，人们认为只要掌握姿势和呼吸法就能学会瑜伽，这是片面的看法。每个人要想创造出自己特有的瑜伽，就必须找到适合自己的姿势和呼吸法。冲瑜伽中也有"形式"，但是从结论来说，形式是可有可无的东西。此外，基于"每个人的瑜伽各不相同"这一观点，老师会告诉学员："虽然老师会示范该如何创造出自己特有的瑜伽，但是最终创造瑜伽的人是你自己。"

运用所学，将自己生活中的一切流动和因果都变成瑜伽，这就是冲瑜伽提倡的"生活瑜伽"。

山下女士之所以如此出色，就是因为她将瑜伽运用到了自己的生活中。在整理物品、收拾房间的过程中，运用瑜伽哲学和冥想，并将该原理浅显易懂地普及给世人。迄今为止，还没有人做过这样的事，我认为这具有划时代的意义。因此山下女士所提倡的断舍离的方法，可以说是由山下女士所创造的"特有的瑜伽"。

此外，"断舍离"这个词在冲瑜伽的书籍以外都不曾出现。虽然佛教中有"断业""舍业"等表达方式，但是将其归纳为"断舍离"的书籍前所未有。"断舍离"是冲老师的造语，他还赋予了这个词独特的含义。因此我认为，"断舍离"一词是由冲老师始创，由山下女士普及开来的。

在生活中应用瑜伽

对于想要在生活中运用瑜伽的人，我推荐的方法是先将步行和跑步变成瑜伽。例如，让脚步配合呼吸，按照"吸气吸气，呼气呼气"的节奏步行。在车站上下楼梯的时候，每走一步就进行一次呼吸，这也是很好的方法。

此外，利用想象力也是很有效的。往上爬楼梯的时候，如果心里想着自己正在下楼，那爬楼梯就会轻松很多。往上爬楼梯的时候如果想着"累死了"，那就会越爬越累。就算迎面刮来大风，只要心里想着"我正在顺着风走"，就能走得格外轻松。稍微改变一下心中的视角，身体的感觉就会发生惊人的改变，实践一次便能体会。

搬家的时候，很多人老是说："因为搬了重物，所以腰才疼！"其实并不是因为搬了重物才腰痛，问题在于搬法不正确。直接伸手抱起地上的瓦楞纸箱的话，腰部肯定会承受巨大的负荷。首先应该半蹲弯腰，用双手紧紧抱住瓦楞纸箱再站起来，这样一来，身体承受的压力就会减轻不少。

此外，为了让学员体会身体的使用方法，我还进行过这样的训练。

在瑜伽课程中，我让学员伸出手，"用尽全力握紧我的手"。于是几乎所有的人都依次过来握住我的手。"你们真的是拼命握住我的手了吗？""你们竭尽全力了吗？"学员们被问得哑口无言，他们握手的时候站得笔直，只是伸出手并用力握住我的手而已，事实上以这样的状态是无法发挥出全力的。

真正竭尽全力的握手，需要站在容易发力的地方，还要将手腕调整至容易用力握手的角度，用力呼出一口气才能使出全力。但是几乎所有的人都认为自己稍微用了一点力就算是"竭尽全力地握手"了。呼吸、动作和姿势都没到位，腰部也软弱无力。也就是说，没有**身体准备，气息准备，心理准备**"的话，握手不过是个反射性动作而已。

在公司的新社员培训中，教官可能会教导大家做好"身体准备，气息准备，心理准备"，但是很少有人能熟练掌握并灵活应用。因此，自己要常常有意识地做好"身体准备，气息准备，心理准备"。

从很久以前开始我就一直在重复一件事：将自己的活动或者演讲用的宣传单折叠后放入信封，并贴上标签。即便是做同样的事，我也一直在尝试怎样折叠、怎样放进信封才最快速。可能最快的方式应该是好几个人分工，即便如此，完成了一定数量的时候，也需要轮换岗位。这是为了有效地减轻厌倦感。其实在日常生活中也是一样的，凡事都需要多考虑，多花心思。

极其轻松，舒展身体，还能毫不费力地发挥出力量的姿势是怎样的姿势呢？如何呼吸，如何步行，一步步验证这些问题的过程都算得上"将生活转变成瑜伽"。大概不少人都没有意识到这一点，有不良的身体姿势也不及时纠正。实际上，只要脑中思考"该怎样又快又好地完成一件事"并付诸行动的话，自然就能找到窍门，难题也会变成乐事。

冲老师曾说过："所谓宗教心，就是探寻最佳生活方式的秘诀。"这里说的秘诀，并不局限于身体层面。因为我们不单拥有身体，还有一颗神明赋予的心，我们做任何事，都不希望自己的心受伤或难过，但要做到这一点并非易事。

认真对待每件事，探寻最佳的生活方式，这就是"将生活转变成瑜伽"。此外，这与"生命即神"、让生命喜悦的生活方式也是相通的。

山下英子

通过断舍离来磨炼"内在认知"

学习的终极原则是"修破离"。虽然龙村老师也常常提到修破离,但似乎有不少人在其中"破"的阶段便止步不前了。

舞蹈也好,武道也好,在某个流派中潜心修行,再另起门派的人比比皆是,但是这样的门派常常局限于创始人这一代,后继无人。止步于将所学的知识运用到实践中,始终拘泥于自己创造出来的"形式",即停留在"破"的阶段,可以说这个人距离真正的自我还有很大的差距。此外，通常社会组织都重视"形式"，但是不论形式和技术实力多么出色，没有原则和真理的组织，其体制往往是软弱无力的。

我想，摆脱对形式的拘泥，这就是"离"。"离"就意味着不应把自己的偏颇之处强加于人。

当然，每个人的看法都会有所偏颇，甚至每个时代都会产生特定的偏见。从一直束缚自己的立场中解脱出来，才能构筑起相对全面的世界观，这时候才有资格谈论"原理、原则"。这是龙村老师教会我的深刻道理，我一直铭记在心。

曾经有人告诉我说："要是有人问你断舍离最初到底是谁提出来的，那就证明断舍离的观点已经相当普及，渗到人们心里去了。"我认为这样的状态恰好就是"修破离"中的"离"。因此虽然是我将断舍离推向了全世界，但是最终我会放手，任其自由发展下去。

我认为，我想要普及的"断舍离"并不是什么风潮，归根结底它是一种思想哲学。常常有人对我说:"断舍离能够成为风潮,真是太好了!"其实我已经坚持了三十年的"断舍离","断舍离"对我而言根本就不是什么风潮!我想要呐喊:"断舍离不是流行用语,而是日常用语!"

此外,一般来说世人都认为"断舍离"就是"扔掉物品",这不过是片面的看法。

"断舍离"从瑜伽的角度来看,就相当于把身体替换成"家",把食物替换成"物品",以此来分析某个人的潜意识。也就是让家和物品等可见的事物作用于肉眼不可见的潜意识中的问题。观察身体状况的瑜伽和观察生活空间的"断舍离",看起来内容似乎完全不同,但其实探寻的都是一个目标,那就是潜意识。

在我们的体内,有一种感应装置,用于感知某个物品对现在的自己来说是否适合,是否让自己感到舒适,它叫作"*内在认知*"。吃饭的时候,现在的我应该吃什么,应该吃多少,都可以通过内在认知来把握。通过清除潜意识中的拘泥和束缚，会更容易发挥和磨炼内在认知，因此仔细审视周围的物品并思考其存在，清除心中的拘泥和束缚的过程就是"断舍离"。

也就是说，磨炼内在认知并运用于身体就可以称为瑜伽，运用于物品就可以称为"断舍离"。不论是哪一方面，充分运用内在认知这一感应装置，最终活出自我，这才是我们的目标。

后记

出版第一本与"断舍离"相关的书的时候,我感到非常迷茫和不安。因为周围有不少冲瑜伽的老前辈,我自认为水准不够,就算出版了"断舍离"的书籍,也多半会被人批评:"明明什么都不懂,还写什么书!"但是龙村老师对于我出版"断舍离"书籍这件事感到非常高兴。至此,我才彻底放心。我想:"尊敬的龙村老师也为我感到高兴的话,别人应该不会批评我吧!"

此后不论别人做何评价,我都不会太介意。我并十分感激龙村老师这位冲瑜伽的权威。这一切都是因为老师从心底支持着我。

人活在世，总会接收到嫉妒或者愤怒的情绪。我的心中有这样的消极情绪，每个人心中都有，但如果是学习瑜伽的人，"即便心中有嫉妒的情绪，自己也能马上意识到"。

如果学习过瑜伽却意识不到自己的这种心理，那么最终会妒火中烧。"比起对方，明明是我更优秀，为什么我得不到认可"——人们便无法从这样的心结中摆脱出来，学过的瑜伽智慧就成了空谈。终究学而不用，瑜伽便不是瑜伽了。

在电视和报纸上看到一些国家和地区持续了上千年的战争，我感到非常惊讶。我想这些人可真是精力旺盛。如果是我的话，肯定禁不住要说："我累坏了，差不多该休战了吧"或者是"我们既往不咎，就此和解吧"。看着这些战争国家和地区，我想再过几千年，他们也不会产生什么"既往不咎"的想法吧。

我个人认为没有任何事物能够优先于生命，因为根本就没有优先于生命的必要。坚持尊重生命，便能坚定身心，保持身体的健康，获取心中的安宁。**"生命即神"就是终极的真理。**

"生命最重要"，这句话非常简单。正因为过于简单，可能有人不知道该如何运用。我通过这句话得出了许多对人生至关重要的领悟，并在本书中和龙村老师一起介绍了许多运用的事例。我衷心希望各位能够在日常生活中充分体会到这一真理。

山下英子
2013 年

导师冲正弘

年少时体弱多病,通过瑜伽修行改善了身体状况。作为自我体验和研究的集大成者,创设了冲瑜伽宗道修行法,在全世界开展冲瑜伽普及活动。

青年时代致力于东洋和西方的医疗方法的钻研,并且从伊斯兰教、喇嘛教、道教、佛教、基督教等各种宗教的寺院中积累了丰富的修行体验。

1951年,作为联合国教科文组织的和平工作团的日本首位代表,前往印度。致力于印度和巴基斯坦之间国际纷争的解决,并建设了贫民窟和供麻风病患者使用的设施机构。1955年回国，开始在全国进行瑜伽普及活动。以"生命即神"为真理根基设立冲瑜伽道场，除了普通民众，更得到政治、教育、医疗、宗教、艺术、运动等各界名流的信赖，成为导师。1980年，举办了国际综合瑜伽世界大会，国内外参加者约八千人。1984年，响应海外呼声，又举办了国际研讨会，除日本以外，有二十个国家的人员参加。

1985年7月25日上午10点，在结束欧洲夏季训练营活动后不久，在意大利的亚得里亚海与世长辞。

作者简历

龙村修（TATSUMURA OSAMU）

龙村瑜伽研究所所长。1948年生，毕业于早稻田大学文学部。1973年，师从世界瑜伽权威冲正弘导师。1985年导师逝世后，曾担任冲瑜伽修道场场长一职。1994年，独立创设龙村瑜伽研究所。四十多年来从事瑜伽指导、呼吸法指导，受到社会认可。著有《作为生活方式的瑜伽》《手指瑜伽》《眼部瑜伽》等。国际综合生活瑜伽研修会领导者。非营利组织法人冲瑜伽协会理事长。非营利组织法人日本瑜伽联盟理事长。

山下英子（YAMASHITA HIDEKO）

出生于东京都，现居石川县。毕业于早稻田大学。学生时代邂逅瑜伽的行法哲学"断行、舍行、离行"，并由此归纳出"断舍离"，提倡将其运用到日常的"整理"中。提出了不问年龄、性别、职业的任何人都可以实践的自我探寻法。在日本全国各地举办研讨会和讲座，此外还通过报纸、杂志、电视、广播等多种媒体开展丰富的活动。出版《断舍离》《俯瞰力》《自在力》等60余部断舍离相关书籍。